誰も知らないジブリアニメの世界

岡田斗司夫

SB新書
614

●はじめに　宮崎駿は何を描いてきたのか

誰もがその名前を知る国民的アニメ監督、宮崎駿。

２０１３年の『風立ちぬ』を最後に、会見までして引退を宣言したこの巨匠が、引退を撤回し、新作長編映画に取り組んでいることが明かされたのが、２０１６年11月。ＮＨＫで放送されたドキュメンタリーでの発表でした。

前作から10年。『君たちはどう生きるか』と名づけられたこの新作は、ついに２０２３年7月に公開されることになりました。宮崎駿が作品を発表する間隔がこれだけ空くのは初めてのこと。80歳を過ぎた宮崎駿が見せる新たな世界を、人々が今か今かと待ち望んでいます。

引退宣言により一度は解散したスタジオジブリの制作部門ですが、制作が明かされた当時、多くの優秀なスタッフが再び集められていると、僕のところにも聞こえてきました。果たして新作はどんな画面、どんな物語になるのか。これまでの作風と異なるのか、それとも昔懐かしいジブリアニメの作風が戻ってくるのか。アニメーション技術などの面で、新たなチャレンジはあるのか。想像するだけで、胸が膨らみます。

『君たちはどう生きるか』の全貌が見えてこない一方で、宮崎駿の作品世界はここ最近かなりの広がりを見せています。

国内では、『千と千尋の神隠し』が人気女優を主演に舞台化されたり、息子の宮崎吾朗が制作を指揮したジブリパークがオープンしたり。海外では、イギリスで『となりのトトロ』が舞台化されたり、アメリカのアカデミー映画博物館で宮崎駿展が開催されたり。どの展開も盛況で、宮崎駿世界に人々が飢えていることがうかがえます。

また、宮崎駿との直接の関わりは薄いですが、なんとスタジオジブリと、『スター・ウォーズ』を生んだルーカスフィルムのコラボ作品が実現し、ディズニープラスで配信されたそのアニメには『となりのトトロ』からマックロクロスケが登場しました。

こうした盛り上がりを見せる今こそ、それこそ新作に備えて、宮崎駿の過去作を振り返っていこうというのが、この本の趣旨です。宮崎駿はこれまでの作品で何を語ってきたのか、描いてきたのか。宮崎駿がジブリで監督した長編アニメ全10作を解説していきます。

あらためまして、岡田斗司夫です。名乗り遅れました。

僕のことを知らない人のために自己紹介をしておきましょう。１９８４年にアニメ制作会社ガイナックスを設立。プロデューサーや経営者の立場で『王立宇宙軍　オネアミスの翼』『ふしぎの海のナディア』といった作品に携わった後、作家・評論家としての活動を開始しました。現在はインターネットで、「岡田斗司夫ゼミ」を主宰。配信動画でアニメをはじめ映画から書籍までいろいろな作品を解説したり、お悩み相談に答えたりしています。

僕が宮崎駿の名前を知ったのは、１９８０年代。宮崎駿がまだ映画『風の谷のナウシカ』を発表する前のことでした。ガイナックスをともに立ち上げ、後に『新世紀エヴァンゲリオン』を手がける庵野秀明に、僕は早くから宮崎駿のすごさを布教されていました。

宮崎駿のアニメーターとしての腕には、すさまじいものがあります。僕の自宅のプロジェクタで、テレビシリーズ『ルパン三世』で宮崎駿が手がけた爆発シーンを何度も確認していた庵野の姿を、今でも鮮明に覚えています。

では、いちアニメーターではなく、監督としての宮崎駿はどうなのか。手描きに象徴される宮崎駿、スタジオジブリの卓越したアニメーション技術はよく知られていることですが、その力量をもって描かれている場面やキャラクターには、どんな意図があるのか。美しく楽しい映画に魅了されるばかりに、その点に注意を向けることはあまりないのではないでしょうか。

アニメを作る立場も、見て語る立場も両方経験して僕が思い知ったのは、結局、アニメは作るより見るのが楽しいということ。スタジオジブリレベルの作品を作るのは、本当に大変だろうと思います。その苦労も考えると、作品の表層だけでなく、深層まで、深く味わってあげることこそが鑑賞者の礼儀かもしれません。

この本は、岡田斗司夫ゼミでの解説をもとにしていますが、書籍化の際に原稿を大幅に見直し、再構成・加筆修正することで、作品ごとにテーマを設けて解説しています。本書を読んで、そしてまた作品を見返してみて、読者の皆さんにとっても何かしら新たな発見があれば幸いです。

もちろんどんな解釈や考察も自由に楽しまれるべきですが、本書ではより確からしい答えを求めて、宮崎駿やプロデューサーの鈴木敏夫といった関係者の証言、つまり一次資料を重視しています。引用で取り上げた文献など、主要参考文献は巻末にまとめましたので、宮崎駿理解をより深めたい人は、ぜひそちらの文献も実際に読まれることをオススメします。

前置きはこのくらいにして、それではさっそく開講です。

もくじ

第1章

宮崎駿の鋭すぎる「技術」論

1984年

『風の谷のナウシカ』

「火の7日間」により文明は崩壊した。ナウシカたち風の谷の住人は、人間の生命を脅かす腐海の森を前に、つつましく暮らしていた。トルメキアとペジテとの間で勃発した戦争に巻き込まれる風の谷。文明の残した生物兵器・巨神兵や、腐海の主・王蟲の群れが動き出す。最後、王蟲の侵攻を食い止める奇跡を起こしたナウシカの姿を前に、人々は争いをやめるのだった。

『風の谷のナウシカ』はハイ・ファンタジー

1984年に公開された『風の谷のナウシカ』は、宮崎駿の長編アニメ映画第二作です。制作当時のスタジオはトップクラフトという会社でしたが、公開翌年の1985年にはスタジオジブリに改組されます。このこともあり、現在では『ナウシカ』はスタジオジブリの第一作ということになっています。この本でも、『ナウシカ』はジブリアニメとして扱うことにします。

さて、『ナウシカ』はいわゆるファンタジーに分類される作品ですが、ファンタジーには、大きく分けて2種類あります。

ロー・ファンタジーとハイ・ファンタジーです。

ロー・ファンタジーの代表作には、たとえば『ハリー・ポッター』シリーズが挙げられます。どういう意味かというと、現実とのつながりがあるものをロー・ファンタジーと言います。『ハリー・ポッター』は現代のイギリスが舞台となっていますね。ロンドン駅と魔法の世界がつながっている。現実とつながっているから、ロー・ファンタジー。

それに対してハイ・ファンタジーは、現実とはかけ離れた架空の世界を描きます。『ハリー・ポッター』に対比して挙げるなら、『ロード・オブ・ザ・リング』シリーズはハイ・ファンタジー。「遠い昔、はるか彼方の銀河系で」繰り広げられる『スター・ウォーズ』シリーズもハイ・ファンタジーですね。ハイかローかというのは、別に高級かそうでないかではなく、現実と近いか遠いかの差だと考えてください。

言うまでもなく、『ナウシカ』はハイ・ファンタジーに分類されます。

錆とセラミックにおおわれた不毛な大地

ではハイ・ファンタジーである『ナウシカ』で描かれる架空の世界とはどういうものか。映画のオープニングで、テロップを用いて説明されます。

> 巨大産業文明が崩壊《ほうかい》してから1000年
> 錆《さび》とセラミック片におおわれた荒れた大地に
> くさった海…腐海（ふかい）と呼ばれる有毒の瘴気《しょうき》を発する菌《きん》類の森がひろがり
> 衰退《すいたい》した人間の生存をおびやかしていた
> ※1

1 宮崎駿『風の谷のナウシカ』（Blu-ray）ウォルト・ディズニー・スタジオ・ジャパン

シンプルな説明ですが、大事な情報が書いてあります。『ナウシカ』に出てくる大地は「錆とセラミック片におおわれた荒れた大地」だと。

何の気なしに見ているとついつい間違えてしまいますが、『ナウシカ』の舞台は砂漠ではありません。僕らには文明が滅んだらそこは砂漠、という固定観念があります。エジプトも中国もどこでも、多くの古代文明は砂漠のなかに見つかりますし、現在の地球では環境破壊の結果、砂漠化が深刻です。『マッド・マックス』シリーズをはじめ、終末世界を砂漠に設定するファンタジー作品も多いです。

映画版『ナウシカ』には、宮崎駿が書いた同名の原作漫画がありますが、理解を進めるために漫画ではどのように世界観が紹介されているかも見ておきましょう。

ユーラシア大陸の西のはずれに発生した産業文明は
数百年のうちに全世界に広まり
巨大産業社会を形成するに至った
大地の富をうばいとり大気をけがし

生命体をも意のままに造り変える巨大産業文明は
1000年後に絶頂期に達し
やがて急激な衰退をむかえることになった
「火の7日間」と呼ばれる戦争によって都市群は有毒物質をまき散らして崩壊し
複雑高度化した技術体系は失われ
地表のほとんどは不毛の地と化したのである
その後産業文明は再建されることなく
永いたそがれの時代を人類は生きることになった
※2

大地に見えるものは、錆びたものと、あとはセラミックの細かい欠片だけ。それはつまり、漫画版の導入でいわれているような、砂漠以上の「不毛の地」というわけです。

ヨーロッパ衰退の歴史に重ねられた世界観

見渡す限りセラミック片の大地から再度産業文明が起こるには、地表のセラミックをリ

2 宮崎駿『風の谷のナウシカ 1』徳間書店

サイクルする技術が必要です。けれど、「複雑高度化した技術体系は失われ」ています。ただただリサイクル不可能なセラミックだけが広がる、まったく引き返せない世界が来てしまったわけです。

たとえば風の谷の風車の土台はレンガ造りのようにも見えますが、おそらくセラミックの塊から削り出して作ったものでしょう。また、作中、勇者ユパは自らの剣を「王蟲《おうむ》の殻より削り出した」と表現していますし、しかもそれで「貫く」と豪語しているのはトルメキア軍の「セラミック装甲」です。

技術の失われたこの世界では、自然に手に入るセラミックや王蟲の殻を使った道具ばかりで、そこに高度な加工技術は見られません。もっと言うと、金属の精製と加工の技術がないのです。一見金具に見える部品も設定から考えればセラミックの切り出しと思われますし、無骨な形をした道具が多いのも、形状を扱いやすい金属がないからだと考えられます。

つまり、ナウシカたちが生きる物語世界は、文明崩壊後、石器時代まで退化してしまった世界です。

これは大げさな話ではなく、ヨーロッパを支配したローマ帝国の崩壊後、ヨーロッパ全体が一気に石器時代まで退化してしまったという歴史的事実がモデルになっていると思われます。

ローマ帝国は、水道技術や建築技術、そしてもちろん製鉄技術などあらゆる技術によって繁栄していました。しかし、文明の維持には膨大な森林資源を必要とし、特に南ヨーロッパの森林という森林を切り尽くしてしまっていました。そのローマ帝国が異民族の侵入で滅んだのですが、いったん文明が滅んでしまうと、やはり技術が失われることになります。

誰も水道や建物を修理できなくなったのです。そもそもどうやって作ったのかわからないし、製鉄といった産業に必要な材木を得る森林もなくなってしまった。こうなると鉄器時代以前、石器時代にまでさかのぼってしまう地域もあらわれました。なんとか騙し騙しかつての水準を保とうとするところもありましたが、全体的には、森が復活してルネッサンスが始まるまで、「暗黒時代」とも呼ばれるような時代が続いたのです。

風の谷も同じです。「火の7日間」を境に、かつての技術が失われてしまった。せいぜい石造りプラスアルファの生活水準を維持するほかはありません。

風の谷の生活は、決して牧歌的な光景として肯定されるべきものではありません。ナウシカたちはまさに「暗黒時代」を生き抜いているわけです。

アーサー・C・クラークの技術論

とはいえ、『ナウシカ』で崩壊した「巨大産業文明」は、現代の僕たちからすれば、未来の話です。「巨大産業文明」と呼ばれるくらいですから、以前は相当高度な技術を持っていたのでしょう。それがたかだか「火の7日間」で完全に失われてしまうものでしょうか。

しかし、未来の技術というのは、はかないものなのです。

『2001年宇宙の旅』や『幼年期の終り』といった作品で有名なSF作家のアーサー・C・クラークに、『未来のプロフィル』というエッセイがあります。そこで触れられているのですが、たとえば、アリストテレスでもガリレオ・ガリレイでも、ダ・ヴィンチでもいいのですが、彼ら歴史上の天才を現代に連れてきて、飛行機やヘリコプター、自動車を見せたとしたら、どうなるか。

きっと彼らも最初は驚くだろうけど、何日かすればその原理を理解できるだろう、というようなことをクラークは言います。「ああ、こうなってるのか、すごいな！」と精密な工作技術には感動するだろうけども、2000年前の人であれ、500年前の人であれ、基本構造は理解できるはずです。

ところが、彼らにテレビや電卓、パソコンを見せたりしたら、おそらくですが、まったく理解できないのです。それはなぜかというと、電子とかネットワークとか電波とか、そういうものを理解する思考のフレームというのが、彼らの中にないからなのです。機械の構造までは彼らにも実感できる物理学の世界なのですが、電子やその先は、昔の人には想像もつかない、もう考え方から違う次元にまで発達してしまったということですね。

僕らも、たとえばパソコンやスマホが壊れたら、壊れたということはわかるんですけど、自分たちでは修理できなくなっていますよね？　機械の技術が進むにつれて、中身が一般の人にはわからないほどブラックボックス化されているわけです。

修理業者に交換を依頼するか、あるいは丸ごと買い替える。修理業者だって、技術を完全に理解しているわけではなくて、ただ「ここが壊れたら、ここを見て、ここを替える」というようなマニュアルを理解しているだけでしょう。機械の製作者だってそうです。専門家だって、自分の狭い専門外のことは全然わからない。

あまりに技術が進んでしまうと、同時代に生きている人ですら理解できない。別の時代、別の文明に生きる人々には、もはやまったく理解できません。

『ナウシカ』では文明の遺物として宇宙船の残骸が登場しますが、風の谷の人々はそれを直すでもなく、調べるでもなく、ただ避難場所として使うのみ。この宇宙船の登場のさせ方だけでいかに技術が断絶されたかを表現する、宮崎駿の演出力には唸るしかありません。

余談ですが、『ナウシカ』のDVDやBlu-rayには、『ナウシカ』にも参加し、のちに『ナウシカ』の影響下で『エヴァンゲリオン』シリーズや『シン・ゴジラ』を作ることになった庵野秀明のオーディオコメンタリーが収録されています。それによると、彼は宇宙船のデザインが気に食わなかったようです。

確かにデザインは僕が見てもあまりよろしくないと思います。どう見ても潜水艦にしか見えません。それでも、「宇宙船が放棄されて有効利用されていない」という重大な伏線を、物語の冒頭から見せておくという、映画作家としての宮崎駿の手腕はすばらしいわけです。「宇宙船なんて最初から出てたっけ?」という方。ぜひ『ナウシカ』を見返してみてください。冒頭、ナウシカが着地するシーンの後ろにさりげなく映っているのが、映画後半で風の谷の住人が避難する宇宙船の残骸です。ちなみに『スター・ウォーズ/フォースの覚醒』にも、主人公レイが暮らす砂漠の惑星ジャクーに、旧帝国軍の宇宙船が半ば埋まっているシーンがあり、『ナウシカ』と比べるのもおもしろいです。

技術は特権となる

文明が断絶し、高等技術のない時代を生きるナウシカたち。そんななか、風の谷に特徴的な技術が「風車」です。

現代の感覚からすると、風車はそれほど特異な技術ではありません。オランダの風車がイメージされやすいように、牧歌的な風景と結びつけることも容易です。石器時代にまで退化した風の谷に風車があるのは、それほど不思議な光景には思えません。

実は『ナウシカ』では映画・漫画ともに、風の谷以外では風車がほとんど登場しません。風が通るから風の谷と呼ばれるのではなく、風を利用する技術があるのが風の谷なんですね。どうやら『ナウシカ』世界において風車は珍しいようです。

これもヨーロッパの史実に参照することができます。

風車はもともと、ヨーロッパのものではありません。イスラーム文明や中国文明で発達したといわれる技術です。オランダの干拓地に風車が作られたのは15世紀のことです。ヨーロッパにももちろんあるにはありましたが、昔は特殊な技術として受け入れられていました。現代でいうと、核兵器やロケットの技術者が持つ秘密の技術。一部の人たちだけが知る技術だったのです。

宮崎駿もそのことは知っていて、『風の谷のナウシカ 宮崎駿 水彩画集』でも次のように語っています。

> 風車が発明されたのは、ヨーロッパじゃないんです。中近東のほうだろうって言われてるんです。中国でも、ものすごく古い時代からありました。風そのものを使う行為、つまり帆で風を受けて舟を動かすといったことは昔からやられていましたが、風車のように風を使って労働させるという考えはなかったんです。中世にヨーロッパ人が書き残した地理史を読むと、そのことがまるで魔法のように書かれているんですね。彼らは風を使って労働をさせていると……。※3

文明のたそがれにおいて、技術者は貴重な存在です。ナウシカは風の谷の王女ですが、王族の娘だから偉いのではありません。風車や飛行装置メーヴェなど風を自在に操る技術を使いこなす「風使い」だから尊敬されるのです。というより、ナウシカの一族は風使いだから王族として認められている、といったほうが正しいかもしれません。

再度、『風の谷のナウシカ　宮崎駿　水彩画集』を確認してみましょう。

> ある特殊技能をもっている人間というのは、常民とは違っていたんです。尊敬されると同時に、非常に妬まれたり怖れられたりして、村外れに住んでいたりするわけです。つまり、人としてやるべき労働をしないで富を手に入れていると思われているんですね。それを民俗学的に見ると、うんと尊敬される場合と、どうしても必要なんだけど敬して遠ざけられるというような位置に大体いるんです。
>
> ※3

ナウシカ一族は「うんと尊敬される場合」なのでしょうね。

3 宮崎駿『風の谷のナウシカ　宮崎駿 水彩画集』徳間書店

王族の義務と責任

ナウシカ一族は技術を買われて王族になっているので、つまり逆に言えば、技術でもって民衆に利益を与えなければいけません。現代の国家が、税金を元手に医療や交通といったインフラ、警察や軍隊といった安全対策を提供するのと同じです。

映画ではナウシカ一族の責任が明確にあらわれたシーンがあります。

ユパが風の谷にやってきたことをいち早く知ったナウシカ。メーヴェに乗って、父であり王であるジルに報告すべく城に向かいます。それを速度の劣る地上のユパが追っていくわけですから、ユパは城でナウシカと落ち合うか、あるいは報告に行って引き返してきたナウシカに途中で迎えられるのが論理的に考えられる普通の展開です。

しかし結局、ユパは途中でナウシカに追いつきます。彼が坂を下りていくと、大きい風車が見えて、その風車の付け根のあたりで、ナウシカが何やら作業をしています。というのもナウシカは、報告に行く途中で見かけた、止まっている風車を修理しているんですね。丁寧な作画で、そばにはメーヴェも係留してあります。

つまり、王への報告よりも、風車の修理優先。風の谷では水を風車が引き上げているので、農業や生活にとって欠かせないインフラです。王族の特権よりも、そのメンテナンスが優先されます。王族である前に、市民生活を支える技術者であるわけです。そもそもナウシカがメーヴェに乗って飛び回っているのもパトロール、つまり警察業務です。

ジルが寝たきりになった理由

パトロールではずいぶん手慣れた様子でメーヴェを操るナウシカですが、実は本格的に飛び始めたのはかなり最近のことではないかと思われます。

どうしてかというと、ナウシカとユパの会話がヒントになります。

> ユパ――ナウシカ、見間違えたぞ
> ナウシカ―1年半ぶりですもの
> (中略)
> ユパ――みなに変わりはないかな？　……どうした？
> ナウシカ―父が……父はもう飛べません

ユパ――ジルが？　森の毒がもうそんなに？
ナウシカ―はい。腐海のほとりに生きる者のさだめとか
※4

つまりジルは劇中では寝たきりなのですが、だいぶ前から寝たきりだったわけではなく、ユパが1年半前に風の谷にいた時は元気だったということです。メーヴェはどうやら1台のようなので、以前はジルが中心となってパトロールにあたっていたのではないでしょうか。メーヴェを操るナウシカ自体にはユパは違和感を覚えていないようなので、以前からナウシカが代わることもあったでしょうが、ジルもかなりメインで飛んでいたはずです。父に代わってひとりでメーヴェに乗り続けるナウシカは、この1年半の間で飛行技術がかなり上達したのでしょう。ユパの「見間違えたぞ」の言葉には、容姿のみならず技術も成長したナウシカへの感嘆がこもっています。

ではなぜジルは急速に衰えたのか。少し考えてみましょう。

ナウシカは「腐海のほとりに生きる者のさだめ」と言います。冒頭のテロップで説明されたとおり、腐海が人間の生活圏を囲み、瘴気を発して人間を脅かしています。瘴気とは、まあ「悪い空気」「有毒ガス」くらいに解釈しておいてください。

4 宮崎駿『風の谷のナウシカ』（Blu-ray）ウォルト・ディズニー・スタジオ・ジャパン

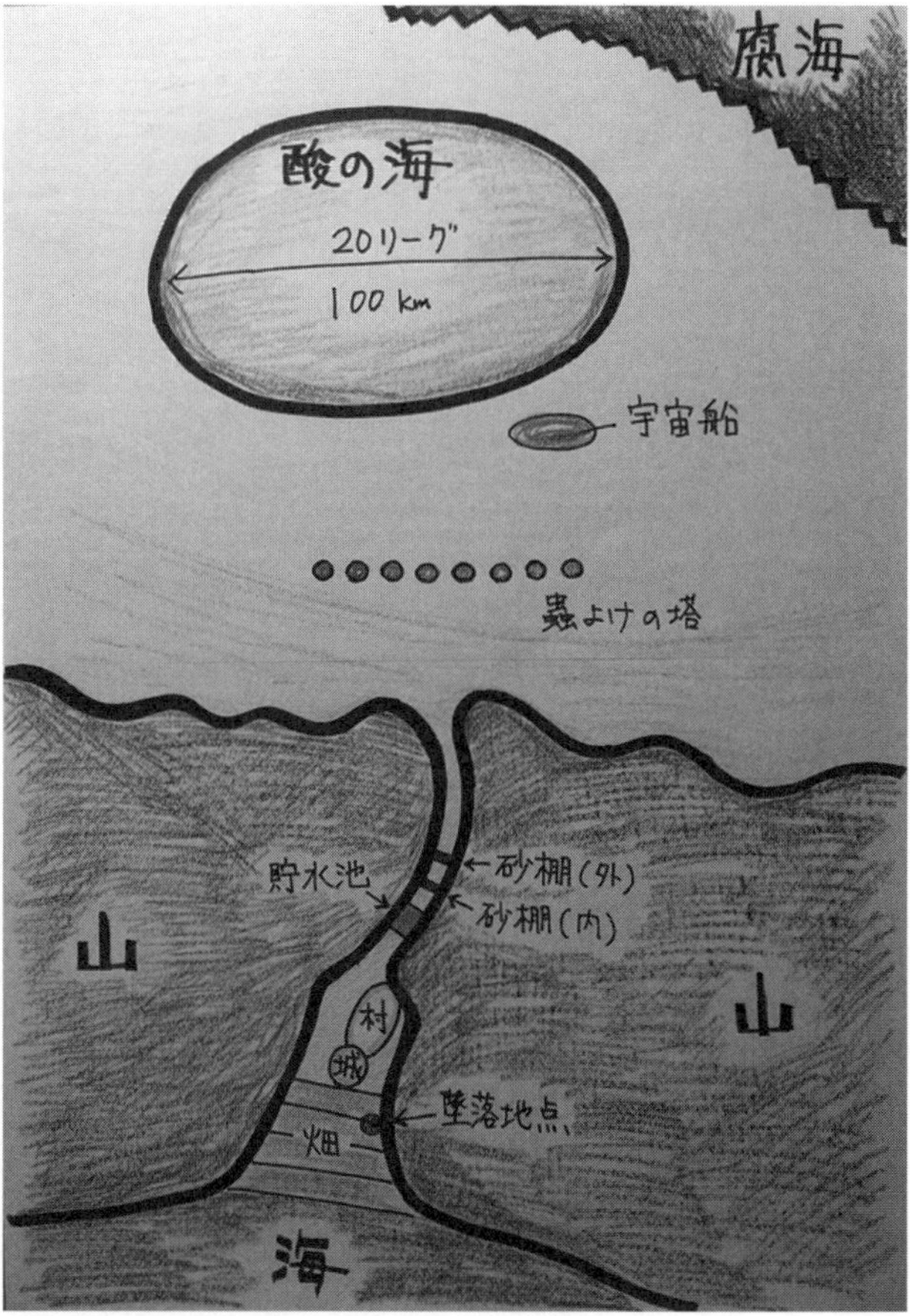

風の谷周辺の大まかな位置関係（著者作成）

前のページに載せたのは、『ナウシカ』を見て僕が独自に作った、風の谷周辺の地図です。シーンの順番や背景、セリフなどを総合して論理的に構成したつもりなので、だいたい正しいと思います。

まず注目してほしいのは、地図の下の方にある、風の谷の村、城、畑の並びです。腐海から遠い順に、畑、城、村となっています。宮崎駿は決してでたらめに並べてはいません。つまり、まず食糧は生きていくのに欠かせないので最優先。技術者である王族が住み、有事の避難場所にもなる城が次に優先。一般の人々が住む村はもっとも優先順位が低いというわけで、優先順に腐海から遠くに配置して安全を図っているのです。

となると村ではなく城に住む王族は、瘴気にさらされるリスクが少なく寿命も長くなるはずですが、そうもいきません。王族にはパトロールの義務があるからです。

腐海の迫る風の谷では、もちろん市井の人々も寿命が短いはずですが、王族は仕事のうちに危険に身をさらしています。ジルも長年の負の蓄積によって、人よりも急速に老いを迎えてしまったのでしょう。

風の谷での暮らしは和やかに見えて実は過酷で、王族に限らず、人々は命を危険にさらしています。たとえば、エンドクレジットのバックに流れるシーンのなかに、「王蟲の殻をおじいさんたちが回収してくる」というカットがあります。王蟲の殻は貴重な資源ですが、取りに行くには瘴気の強い腐海やその付近まで行く必要があります。それを寿命の短いおじいさんたちに担当させている。そんな文脈を感じさせるカットです。

ナウシカの結論、サン＝テグジュペリの結論

さて最後に、同じくエンドクレジット中のカットを参考に、宮崎駿が『ナウシカ』にどんな決着を与えたかを見ていきましょう。注目したいカットが2つあります。

それが「ナウシカたちが新しい風車を作っている場面」と「ナウシカが子どもたちに飛び方を教えている場面」です。これも宇宙船の映り込み同様、ぜひ見返してみてください。

この2つの場面で特に注目したいのが、ナウシカ以外の人々や子どもたちの描写です。

2つの場面には、人々や子どもたちには鉢巻をつけた人と、そうでない人が両方います。風の谷の人々と観客が見分けられるように、ペジテの人は鉢巻のようなものをつけている設定です。つまりこの場面では、風の谷とペジテの人々が入り交じっているのです。

この意味は重大です。風使いの技術は、自分たちが特権的な立場として生きていくための財産のはずです。それをこともあろうに、風の谷の人々だけでなく、ペジテの人々にも公開してしまった。それをあらわしたカットになっています。

　ナウシカはそれまでの一族の考え方をまるっきり変えたのです。風の谷を排他的に守るのでもなく、一族の技術を守るのでもなく、技術を広めることで、未来に託しているのです。子どもたちに飛び方を教えるというのは、夫を持たないナウシカができる、新しい世代の創造です。風車の技術を教えるというのは、多くの人たちに自分たちの生き方を伝えるインフルエンサー的な行動です。

『人間の土地』（新潮文庫）

　ところで『星の王子さま』で有名なサン＝テグジュペリには、『人間の土地』というエッセイがあります。宮崎駿は新潮文庫版のカバーイラストと解説を担当するくらい同作のファンなのですが、『ナウシカ』の結論はまさに『人間の土地』になぞらえることができます。『人間の土地』は、パイロットでもあるサン＝テグジュペリが、世界各地を飛んできた経験をもとに、生きる哲学を探すような内容となっています。当時、飛行はかなり危険で、死と隣り合わせです。だから人生観につながるのです。哲学書としても読める『人間の土地』の結論を僕なりにまとめると、「荒れ地で強い風を受けながら、それでもすっくと立つことが人間だ」ということです。

ナウシカが出した結論も似ています。風使いの末裔として、風に親しみ、空を飛んできた。冒険を通じていろいろな世界を見てきた。地球の環境は、人間が生きるには厳しい。それでも、人間はただ生きるしかない。腐海の瘴気にさらされ寿命を削られながらも、尊厳を失わずに、自分の生き方を貫くしかない……。

あのサン＝テグジュペリと過程と結論を同じくして、ナウシカは技術者としての特権を放棄し、ひとりの人間として風の谷の未来を引き受けるのでした。

第2章

SFアニメはどうあるべきか？

1986年

『天空の城ラピュタ』

少年パズーはある夜、空から落ちてきた少女シータを助ける。シータと彼女の持つ謎の飛行石が、ムスカ大佐率いる軍と海賊ドーラ一家に狙われているのだ。それぞれの思惑が交錯しながら、一同はやがて天空に浮かぶ伝説の城、ラピュタまでたどり着く。ラピュタ再興のためにシータを求めるムスカから逃れるため、パズーとシータは滅びの呪文を唱えるのだった。

アニメブームに負けた宮崎駿

今でこそ宮崎駿は国民的人気で、『ナウシカ』や本章で解説する『天空の城ラピュタ』といったジブリ初期2作品の評価もとても高いのですが、当時はそこまではなかったというのは忘れないでおきたいところです。

師匠でもあり、のちに永遠のライバルともなる高畑勲監督のもとで『太陽の王子 ホルスの大冒険』『パンダコパンダ』『アルプスの少女ハイジ』『フランダースの犬』『母をたずねて三千里』といった数々の名作に参加する宮崎駿。彼がついに監督となって初めて自ら作品を率いたのが、1978年に放映されたテレビシリーズ『未来少年コナン』です。

終末世界をたくましく生きる人々を描いた『コナン』も、あとの宮崎作品同様、現在の評価は高いのですが、当時は一部のアニメマニアを除いて評価する人はほとんどいませんでした。

同年公開された『宇宙戦艦ヤマト』シリーズの映画第二作『さらば宇宙戦艦ヤマト 愛の戦士たち』は配給収入21億円と当時の大ヒット。『コナン』と同じテレビシリーズで比較すると、『コナン』の最高視聴率が14％に対し、同年放映の『銀河鉄道999』の最高視聴率は22・8%というように、『コナン』は初回放映当時の話題作ではありませんでした。

翌年の1979年に公開された、宮崎駿の映画初監督作『ルパン三世　カリオストロの城』も、製作費5億円に対し配給収入3億5000万円の大失敗。『ルパン三世』シリーズの映画前作『ルパン三世　ルパンVS複製人間』の配給収入9億2000万円と比較したら、いかに期待外れだったかがわかるでしょう。

ジブリ設立の仲間として、また『紅の豚』以降はすべての宮崎作品のプロデューサーとして盟友になる鈴木敏夫。当時、彼が編集長をしていたアニメ雑誌『アニメージュ』を除いて、アニメ雑誌では『カリオストロの城』の公開同年に放映された『機動戦士ガンダム』を追うものが多かったです。いや、『アニメージュ』ですら、『ナウシカ』以前のこの頃は『ガンダム』を主に追っていました。

『カリオストロの城』の興行的失敗からその後、宮崎駿は業界を半ば干されます。鈴木敏夫と彼の勤める徳間書店の厚意により、次作『ナウシカ』が1984年に公開されるまでに、なんと5年もの月日を要することになります。

当時のエコロジーブームもあってヒットした『ナウシカ』ですが、その配給収入は7億4200万円。『さらば宇宙戦艦ヤマト』や『ルパンVS複製人間』には劣りますし、同年の公開だった『超時空要塞マクロス 愛・おぼえていますか』の配給収入7億円とどっこいどっこい。おまけにマクロスはロボットアニメですから、おもちゃなど関連商品の売り上げを含めたら、明らかに『マクロス』のほうがビジネスとしては成功したと言えるでしょう。

こうした文脈を見ても、宮崎駿は、『ヤマト』から『ガンダム』を経由して『マクロス』で終わるような、いわゆる「第一次アニメブーム」に乗れなかった作家というふうに、僕は位置づけています。

アンチエリート主義としての『ラピュタ』

そんな流れがあるなかで作られ、1986年に公開された『ラピュタ』は、宮崎駿にとって『カリオストロの城』のリベンジです。難しいテーマよりもアクションが優先されていることだけでなく、物語の構造にもかなりの類似が見られます。

冒頭、健気なお姫様が悪者のもとからひとりで逃げ出してきて、そこを男が救う。クラリスかシータか、ルパンかパズーかで違いますが構造は同じです。

続きも同じです。悪者たちがお姫様を取り返しに来て、さらってしまう。主人公は、一度はお姫様を諦めようとする。でも結局、お姫様を取り返すために仲間と一緒に戦い、最後には、滅んでしまった昔の文明を発見する。それは『カリオストロの城』だったら水に沈んだローマ帝国の大都市ですし、『ラピュタ』だったら天空の城、というだけの、ほんの少しの違いです。

ただし、物語の構造は同じですが、ルパンとパズーではキャラクターが大きく違います。たくましくも可憐なクラリスとシータは結構似ていると思うんですけど、ルパンとパズーは明らかに違います。

そこには、宮崎駿が当時のアニメに持っていたアンチ感情が見え隠れします。

そのアンチ感情というのは何かというと、『ヤマト』にしろ、『ガンダム』にしろ、もっと前の『マジンガーZ』にしろ、あるいは自らの『ナウシカ』にしろ、「多くのアニメはすべてエリートが主役である。何かできることがある人間を主人公にしている」という点への反発です。

客観的に見れば、「『ガンダム』はむしろ戦争に巻き込まれた普通の少年を描いているのでは？」とも思うのですが、とはいえ主人公アムロ・レイはニュータイプと呼ばれる特殊能力者ですからね。宮崎駿には、「しょせんメカの力を借りて、虎の威を借る狐のように、主人公がいいカッコしてる映画」というふうに見えたらしいんですね。

ルパンが偉大な祖父を持ち、天才的な泥棒の才能を持っているのだとしたら、パズーはその反対にある、どこにでもいる普通の少年として描かれるべき存在でした。当時のSFアニメの主流に対抗したこの狙いが、どの程度うまくいったかを、本章では最初に見ていきましょう。

これはパズーの物語か、ムスカの物語か

エリートを主役にしてその成功と苦悩を描くと、どうしても対象年齢が上がります。その点が『ラピュタ』制作当時の宮崎駿が抱える不満だったようです。『出発点』という宮崎駿の書いたあれこれをまとめた書籍では、『ラピュタ』の企画書が読めます。

それによると、

> 風の谷のナウシカが、高年齢層を対象とした作品なら、パズーは、小学生を対

象の中心とした映画である。

風の谷のナウシカが、清冽《せいれつ》で鮮烈な作品を目指したとすれば、パズーは愉快な血わき肉おどる古典的な活劇を目指している。

（中略）

多数の作品が企画されながら、対象年齢がしだいに上がっていく傾向は、アニメーションの将来につながらない。マイナーな趣味の中にアニメーションを分類し、多様化の中で行方不明にしてはいけない。アニメーションはまずもって子供のものであり、真に子供のためのものは、大人の鑑賞に充分たえるものなのである。パズーは本来の源にアニメーションをとりもどす企画である。
※5

というようなかなり鼻息の荒いことを言っています。『ラピュタ』は世のアニメとは違いますよ、と。何も考えずに痛快アクションを楽しめる「血わき肉おどる活劇」ですよ、と。エリートがカッコつけないし、テーマとかも語らずに、普通の少年が活躍し、普通の少年少女が熱中できるアニメですよ、と言っているんですね。

そのほうが大人にもおもしろいじゃん、ということも言っていますね。確かに『ラピュ

5 宮崎駿『出発点』徳間書店

タ』は大人にも充分楽しめる作品で、今では宮崎作品のなかでもかなりの人気作にまでなりました。僕も宮崎駿の映画から1つ挙げるとしたら、たぶん『ラピュタ』を選ぶと思います。

話を戻しましょう。

ここで宮崎駿が「ラピュタは〜」と言わずに「パズーは〜」と言っているのは、企画時の仮タイトルが「少年パズー飛行石の謎」というものだったからです。少年の映画ですよ、冒険活劇ですよ、ということを強調するつもりでつけたタイトルだったのではないでしょうか。

ところがです。そんなことを言っている当の宮崎駿本人が最初に書いた脚本が、もうこの意図と矛盾していたんですね。

鈴木敏夫の回顧録『天才の思考』という本の中に、自分の理想と実際との間の矛盾を、宮崎駿自身うまく解決できなかったことがわかる記述があります。

シナリオに話を戻しますと、それを読んだ僕と高畑さんの意見は同じでした。喫茶店で感想を述べあったんですが「話の構造がムスカの野望と挫折になっているよね。これでいいのかな？」ということ。パズーをもっと主人公らしくしたほうがいいと考えました。パズーの年齢をもう少し上にすればキャラクターに陰影が出て、ムスカの野望と挫折は少し後ろに引っ込むんじゃないか、と。そしてそのことを、宮さんに言いに行きました。僕一人でした。そうしたら宮崎さんが怒ったんです。

「小学生に見せる映画だ。年齢を上げたら元も子もない！」
※6

劇中、「人がゴミのようだ」「目が、目がぁ〜！」といった誰もが知る名ゼリフを残したムスカ。確かに印象的に描かれていて、主人公パズーの人気を完全に食っています。高畑勲と鈴木敏夫に指摘された宮崎駿はコンテ段階でかなり調整したようですが、それでも確かにムスカの存在感が強い。さすがに主人公はパズーだと誰も間違えない映画になっていますが、人間として魅力を覚えるキャラとしてはムスカに軍配が上がります。狙いはうまくいっていません。個人的には、初期案のままの映画も観てみたかったですが！

6 鈴木敏夫『天才の思考』文春新書

『ナウシカ』と同じ失敗、憎む『ヤマト』と同じ結末に

ところで、鈴木敏夫と宮崎駿の争点が、なぜパズーの年齢になるのでしょうか。年齢が作品の根幹に関わる理由を解説します。

パズーは12歳。対して敵役として出てくるのは、軍をアゴでこき使えるほど頭のキレる情報部のムスカです。さらにそのムスカに対抗する大人として出てくるのは、めちゃくちゃ強い海賊ドーラです。そこに「シータを守るんだ！」というだけの理由で頑張る12歳の子どもが入ってきても、勝てるはずがありません。

結果、「どうしたらいいんだ？」と宮崎駿の苦悩が始まるわけです。鈴木敏夫としては、年齢を上げてしまえば、パズーはもっと能力の高い、強い青年として描ける。しかし、そうなると「普通の少年を主人公に」という宮崎駿が『ラピュタ』を作る動機が失われてしまう。やっぱりその動機を優先すると、今度はキャラ間のパワーバランスに矛盾が生じてしまう……。堂々巡りです。

特別な力のないパズーは、どうやってムスカに勝つのか？

結局、宮崎駿が考えついた結末は、ヒロインとふたり仲良く手を合わせて「バルス」と

いう滅びの呪文を言わせてしまえ、というものでした。結果的にふたりは助かるものの、滅びの呪文を唱えるなんて無謀な行為です。ほとんど自爆特攻ではないでしょうか。自爆特攻というと、『ナウシカ』の結末と同様です。

当初、『ナウシカ』のクライマックスは、巨神兵と王蟲の肉弾戦や巨神兵の自殺といったいろいろな予定、あるいはアイデアがあったようですが、映画には尺もありますし、公開までの制作スケジュールの都合もあります。ラストを簡潔に済ませる必要に迫られました。

そこで宮崎駿が行った改変が、まず巨神兵を登場次第すぐ溶かしてしまうということでした。庵野秀明による伝説の作画として、今も語り継がれるシーンですね。

続いて、巨神兵に食い止められなかった王蟲の群れにどう決着をつけるか。宮崎駿が考えたのは、ナウシカが王蟲を食い止めるべく大地に降り立ってそこで終演。ナウシカが死んだのか、生き残るのか、というかそもそも何が起こるのかわからないまま幕を閉じるわけです。

これが現在の『ナウシカ』のラストに変わるまで、どんな経緯があったのか、『ＡＬＬ ＡＢＯＵＴ ＴＯＳＨＩＯ ＳＵＺＵＫＩ』というジブリの作った本から紹介します。

制作が佳境に入る中、ラストシーンの絵コンテを見て鈴木は悩むことになります。突進してくる王蟲の前にナウシカが降り立つところで終わっていたのです。「あまりにもあっけなく、カタルシスがない」と感じた鈴木は高畑に相談。高畑は3つの案を出しました。A案は原案のまま。B案はナウシカが王蟲に吹き飛ばされて、永遠の伝説になる。C案はナウシカが一度死んでから甦るというものでした。C案がいいと考えた鈴木は宮崎の説得にあたります。

「公開が迫り、宮さんも焦っていたんでしょう。ぼくが説明すると『わかりました。それでやりますから』と言って、すぐに描き直してくれました。ただ、このラストシーンはファンや評論家の間でも議論を呼ぶことになります。宮さんはまじめな人ですから、そのことでずっと悩むことになりました」※7

どんな議論を呼んでしまったかというと、地道に人間を描いていたはずが、あの有名な「らん、らんららんらんらん、らん、らんららら ん♪」の音楽が流れる、ナウシカ復活の「奇跡」を描いてしまったばっかりに、宗教映画になってしまったということですね。「ナ

7 永塚あき子編『ALL ABOUT TOSHIO SUZUKI』KADOKAWA

ウシカの愛が奇跡を救った」「感動した」みたいな感想も飛び出しかねない、安いお涙頂戴になってしまった、というわけです。

『ラピュタ』の場合はさすがに宗教映画とまではなりませんが、結局また、自爆特攻の末に生き残るという結末になってしまいました。パズーとシータの愛、諦めない心が起こした奇跡として読めてしまうのは『ナウシカ』と同じことです。『ナウシカ』のラストを後悔していたはずの宮崎駿が、気づいているのかいないのか、それと同じラストを自ら選んでしまったのです。

しかもこの自爆特攻というのは、宮崎が嫌うSFアニメの大ヒット作『さらば宇宙戦艦ヤマト』とも同じです。『さらば宇宙戦艦ヤマト』の結末は、宇宙でひとり、主人公・古代進の自己犠牲によって地球が救われるというものでした。

宮崎駿は『ラピュタ』をけしからんSFアニメを打倒するために作ったのに、結局それらと同じ安直な結末になってしまいました。インタビューなどでよく何か気に食わないことがあると、「そんなのは手塚治虫だ！」と言って、安直を誰よりも嫌う人なのに……。

羽ばたき飛行機に見る宮崎駿のSF知識

主人公の設定と物語の結末は、「世間のSFアニメに対抗しよう」という狙いにうまく応えられていませんが、メカの見せ方は一級品で、ほかのSF作品と比べてかなりのレベルに到達しています。

SF作品の定番メカの1つに、「オーニソプター」というものがあります。日本語では「羽ばたき飛行機」と訳されるオーニソプターは、現在の飛行機のように固定された翼とエンジンやプロペラで飛ぶのではなく、鳥や虫のように羽ばたいて飛びます。ダ・ヴィンチも発明に取り組んだことで有名なオーニソプターですが、現在まで本格的な実用化に至っていない、SFの世界だけに存在するロマン溢れる飛行機です。

フランク・ハーバートという作家が書いた一大SF叙事詩に、『デューン 砂の惑星』という小説があります。1965年に発表され、以後『デューン』サーガとしてシリーズ化もされた人気作です。映像化が難しいといわれる本作ですが、あまりの人気に、1984年と2021年の過去2回、映画化されています。さらに今年2023年には、2021年版の続編公開も予定されています。

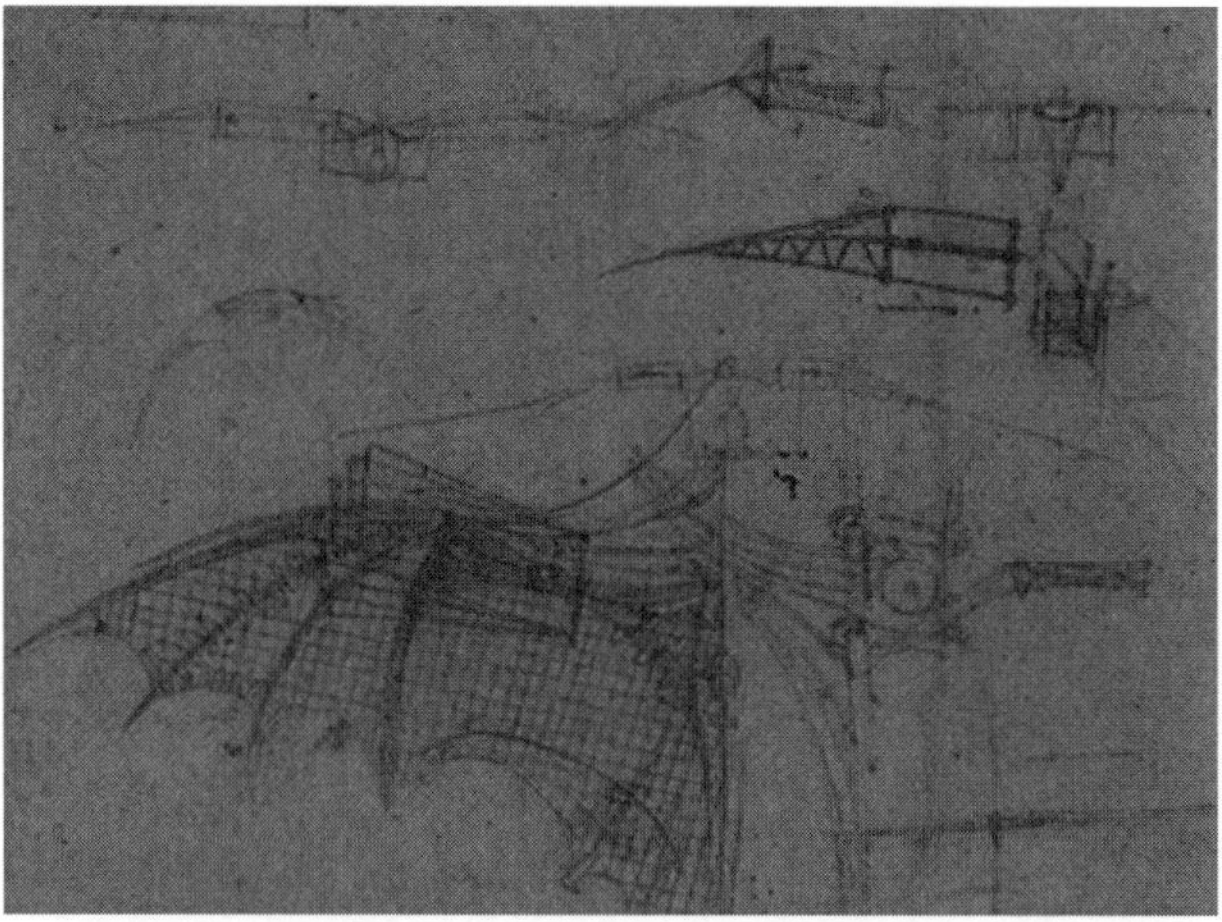

ダ・ヴィンチによるオーニソプターのスケッチ

そんな長い人気を誇るこの作品は、オーニソプターを初めて本格的に描いたSF作品としても有名です。

宮崎駿は『ラピュタ』制作時に1984年の映画版を観ていたのか、あるいは『デューン』サーガを追っていたのか、定かではありませんが、少なくとも第一作である『デューン　砂の惑星』は読んでいるようです。

なぜ僕がそういえるかというと、『ラピュタ』制作時の宮崎駿が小説版のオーニソプターへの不満を語っていたことが事実としてあるんです。『ラピュタ』の制作進行を務めていた木原浩勝という人が、『もう一つの「バルス」』

という本で明かしています。

「ねえ木原君。『デューン』は読んでいますか？　どう思います？」

宮崎さんは、アイデアが浮かんだり思考の迷路に入ったりしてエンピツを止めた時に、忙しそうに動き回っている僕を見つけて、よく声をかけてきた。その口調はいつも丁寧だ。

「『デューン』？　読んでます（オーニソプターの話だとすぐに気がついた）。性能の話ですか？　乗り心地ですか？」

すると宮崎さんの顔がパッと明るくなった。

自分と同じ考えを簡潔に返すと、宮崎さんは実に嬉しそうな顔をして解説してくれる。

「そう！　乗り心地です！　オーニソプターのような鳥型の羽ばたき式って、小説家だから書けたんですよ。あんな物に乗ったら翼がクランクで上下するたびに、乗ってる人間も上下して天井と床にぶつかりまくりでとても乗れたもんじゃない。どうしても羽ばたき式をやるなら、技術的に不可能でも昆虫型が良いんですよ」※8

8 木原浩勝『もう一つの「バルス」』講談社文庫

要は、宮崎駿が『ラピュタ』を作る動機の1つが、「自分が思う正しいオーニソプターを描きたい」ということだったんですね。『デューン』に対してのカウンターとしての『ナウシカ』があるわけです。

『ラピュタ』には2種類のオーニソプターが登場します。1つが「こんなのは飛ばない」と宣言するために出したオーニソプター。空に憧れるパズーが家で自作していて、シータにも紹介しているオーニソプターですね。これは明らかに、宮崎駿自身が飛ばないと馬鹿にしているはずの、鳥型をしています。

実際、劇中でこのオーニソプターが飛ぶことはありません。実は制作初期のイメージボードには「完成したオーニソプターにパズーが乗ってシータを迎えに来る」という絵がありましたが、完成した映画には該当のシーンがありません。これは宮崎駿が「パズーの技術水準やアイデア（＝鳥型オーニソプター）では空は飛べない！」と表明したかったからだと考えていいと思います。

制作進行の木原さんも僕と同じように受け取っていて、『もう一つの「バルス」』では、

映画の中で、パズーがシータに鳥の羽ばたき式の模型飛行機を飛ばして見せるシーンがあるが、これは、
（こんなのに乗って空など飛べるわけがない）
という宮崎さんの思いが込められている気がする。
※9

というように語っています。

劇中で登場するもう1つのオーニソプターはドーラ一家が使う「フラップター」と呼ばれるもので、宮崎駿の意図を反映して「昆虫型」になっています。

これが劇中、ラピュタ文明以外の技術のなかでは超ハイテクで、「電流と人工筋肉の働きで」動く機械というように設定されています。

この「電気で筋肉を動かす」という考え方は、18世紀のイタリアで生まれた、医師にして物理学者のガルバーニの発見によるものです。有名な「死んだカエルの脚に電気を流すと動く」ということを発見した人ですね。肖像画にもしっかりカエルの死体と電極が描いてあって、後世の今から見るとちょっと気持ち悪いんですけども。

「電気で筋肉を動かす」というのは、このガルバーニらの発見によって、ヨーロッパの高

9 木原浩勝『もう一つの「バルス」』講談社文庫

級サロンでも話題になった一大センセーションなんです。そしてこの発見の影響下に書かれた小説が、1818年のメアリー・シェリー作『フランケンシュタイン』。今日のSFの源流ともなった、ゴシック小説の名作です。内容は、フランケンシュタイン博士が死体の肉に電気を与えて怪物を作り出す、というものになっています。

『フランケンシュタイン』のような、現代未満の産業革命の時代。まさに『ラピュタ』もそんな時代を描いていますが、そこで電気と筋肉の関係をアイデアにしたフラップターを登場させる宮崎駿は、さすがわかっているなという感じです。フラップターは、ほかのSF作品にはない、『ラピュタ』を魅力的に見せてくれるメカとなっています。

ガルバーニ（1737〜1798年）の肖像画

ちなみにドーラ一家の海賊船、タイガーモス号には、フラップターの飛び出し口が船体後部にあります。これは同時代の『ガンダム』への嫌味だと思います。

『ガンダム』では、連邦軍のホワイトベースにしろ、ジオン軍のガウ攻撃空母にしろ、船体の前面から戦闘機が飛び立ちます。これは現実の飛行機ではありえないことです。「そんなことがあるはずねえ！　飛び出し口があるとしたら、全部、後ろだ！」と、現実的な反論から、宮崎駿はわざわざフラップターが飛び立つシーンを見せているんです。

『デューン』のみならず、敵対する国内ＳＦ作品にも律儀にケチをつける宮崎駿でした。

ご都合主義には宮崎駿の性格があらわれている

せっかくの『ラピュタ』の結末が『ヤマト』と同じ、心中になってしまったじゃないか。と、先ほどは追及しましたが、一方で僕は、この結末も悪くないと思っています。

宮崎駿は真面目な人です。真面目な人だから、「主人公は責任を持たなければいけない」と考えるんです。だから最終的には、「大状況の解決を主人公に引き受けさせる」という結末にならざるを得ないのではないでしょうか。

ナウシカが王蟲の行進を、風の谷とペジテの未来を引き受けたのと同様に、パズーとシータにも大状況を引き受けさせるのが、当時の宮崎駿の作劇です。ラピュタというものが恐ろしい兵器としても利用できてしまうことを知ったパズーとシータは、これを止めるために、ともに死ぬことを決意する。なぜなら、この時のふたりに考えつく解決策は、それしかないだろうからです。

自らが用意したキャラを「もう死ぬしかない」というところまで追いつめて、でも最後に奇跡を起こす。ご都合主義と非難されかねないこのカタルシスが、アニメ作品としての華になっていたからこそ、初期宮崎作品は今も色あせない名作になりえたのだと思います。

では、それ以降の宮崎アニメがどうなったのかというと、主人公が大状況を引き受けなくなってしまいました。『紅の豚』にしても、『千と千尋の神隠し』にしても、『ハウルの動く城』にいたっては顕著ですが、主人公の行動や決断によらず、状況自体が解決に向かっていく。

『ナウシカ』にもその片鱗はありましたが、宮崎駿の哲学が「重要なのは状況を引き受ける以上に、状況のなかでいかに生きていくか」というふうに変わっていったからです。

たとえば『もののけ姫』では、状況の責任者ではなく、状況の被害者という立ち位置にまで、主人公を移動させています。主人公アシタカは、呪いを受けており、とにかく自分が生き延びるのが最優先です。

状況を引き受けるのと、状況に任せるのと、どちらの哲学に基づいたストーリーのほうがおもしろいのかは容易に決められませんが、少なくとも『ラピュタ』がイキイキとした映画になったのは、当時の宮崎駿の哲学あってこそのことだと思います。

映画監督の仕事とは何か

ここで物語作家としての宮崎駿を批判する代表的論理として、押井守の言葉を紹介します。宮崎駿とも交流のある映画監督であり、『機動警察パトレイバー』『GHOST IN THE SHELL／攻殻機動隊』などの作品で知られる彼が、『誰も語らなかったジブリを語ろう』という著書で語っている批判です。

> スペクタクルを描かなきゃ映画として成立しないと思い込んでいる。（中略）本人はスペクタクルのつもりでやっているんだろうけど、結局、そうは見えてないから破綻しているんだよ。

（中略）
宮さんは、ドラマツルギーとか構造がある人じゃないんです。
※10

確かに、物語に整合性を求める押井守の観点も映画製作では大事な部分ですが、それはあくまで脚本家の仕事ではないでしょうか。

映画監督というのは「よくできたストーリー」を作るのではなく、「いかにおもしろく見せるのか」に力を入れるべき仕事です。脚本も担当しつつ、あくまで第一には監督である宮崎駿の仕事は、充分に成功しているといっていいと思います。宮崎駿は、映画監督として天才的というのが僕の見解です。

さて、物語の整合性はともかく手に汗握る冒険活劇となった『ラピュタ』ですが、最終的な配給収入は5億8300万円。同時代のSFアニメにはもちろん、自身の前作である『ナウシカ』にも届きませんでした。実はジブリアニメのワースト記録でもあります。

テレビ放映のたび、パズーとシータが「バルス」と唱えるのに合わせてツイートするのがお約束ともなった、あの国民的お祭り映画『ラピュタ』が……、と意外にも思えますが、当時の結果としては失敗と見るほうが妥当です。

10 押井守『誰も語らなかったジブリを語ろう』東京ニュース通信社

この失敗からどのように宮崎アニメは浮上してきたのでしょうか？　次章から、『となりのトトロ』以降の作品も順々に見ていきましょう。

第3章

手塚治虫の光と影

1988年

『となりのトトロ』

昭和30年代のある夏。サツキとメイの姉妹が、父に連れられ、田舎に引っ越す。近くの病院に母が入院しているのだ。まずはメイ、遅れてサツキと、森の主トトロとの交流が始まる。楽しく暮らしていた姉妹に危機が。母の退院が遅れ、メイは行方不明に。トトロに助けを求めたサツキはネコバスに連れられ、迷子のメイを見つける。母の無事もわかるのだった。

近くで見ていた宮崎駿と庵野秀明の関係

『となりのトトロ』は1988年公開なので、『ナウシカ』から『トトロ』まで2年おきに新作を発表していたことになりますね。この頃の宮崎作品って僕にも思い出深くて、というのも庵野秀明を取り合っていた時期なんですよね。

『ナウシカ』で大抜擢した新人アニメーターの庵野が、巨神兵の難しいシーンをひとりでやりきるものだから、宮崎駿もどうやら「こいつは使える!」と思ったそうです。次の『ラピュタ』にも呼ぶつもりが、その頃の庵野はメカニック作画監督として、僕らが立ち上げたアニメ制作会社ガイナックスで『王立宇宙軍　オネアミスの翼』を作っていました。

宮崎駿からしたら、『ラピュタ』でも腕の見せどころを用意していたら、なんと庵野秀明、大学の友達に誘われて、よくわからない作品へ連れて行かれてしまったと。よっぽど悔しかったか、一時期は週に1、2回、夜中にガイナックスまで来て直接スカウトするという、業界の掟を破る行動に出るのでした。

でもまあ、掟破りといってもフェアはフェアなんです。というのも、僕らは僕らでよそのスタジオに行って、アニメーターを勧誘して引き抜きをしていたので。お互い様ですね。

庵野も庵野で、『ラピュタ』に行きたかったそうですが、作画監督という責任ある仕事をしているから、ということでぐっとこらえて『王立宇宙軍』に残ってくれました。おかげで今でも彼自身が「アニメーターの技術として最高峰」と語る、圧倒的に緻密な爆発や発射のシーンが、作品の完成度を高めてくれました。

結局ガイナックスからは、後に『ふしぎの海のナディア』から最新作の『シン・仮面ライダー』まで、再び庵野と長く働くようになる、アニメーターの前田真宏だけは引っこ抜かれました。ラピュタの底が抜けるクライマックスシーンなどの原画を担当したそうです。彼は彼で『紅の豚』までの作品に携わり、ジブリのなかでも重要なアニメーターとなるのですが、ともかく、宮崎駿は『ラピュタ』に庵野を呼ぶことには失敗しました。

それで次の『となりのトトロ』でも宮崎駿は庵野を呼ぼうとします。もう『王立宇宙軍』も終わっただろ、今度こそ手伝え、というわけですね。多種多様な生き物を動かさないといけないこれまた難しいオープニングシーンを任せようとしたらしいのですが、今度はなんと庵野秀明、同じジブリでも高畑勲監督の『火垂るの墓』に参加してしまいます。

庵野からしてみれば、すでに宮さんとは仕事した、今度はもうひとりのレジェンド、高畑勲と仕事してみたい、ということなのでしょう。しかも『火垂るの墓』では、大好きな戦艦が登場するシーンを担当できることになったので、なおさら魅力を感じたようです。せっかく庵野がディテールにこだわった戦艦は、黒く塗りつぶされるというオチまでついているんですけどね。

結局、宮崎駿は庵野秀明に2回連続で断られ、次に協働するのは『風立ちぬ』まで待たなければいけないということになりました。

手塚治虫のメチャクチャなアニメ制作

アニメ業界は狭い世界ですから、こういった有名作家同士のエピソードに事欠きません。本章では、『となりのトトロ』にも影響を与えた、宮崎駿と手塚治虫、それに高畑勲との関係性を見ていこうと思います。アニメ業界で僕が見聞きしたここだけの情報も含めつつ、宮崎駿の手塚治虫や高畑勲との関係が、どう『トトロ』に影響していったのか、一緒に真相を追っていきましょう。

さて、鈴木敏夫のインタビューを集めた『風に吹かれて』に、ちょっと気になる発言があります。

遡ること一〇年くらい前に、日本テレビのスペシャル番組として『トトロ』の企画を提案して、駄目っていわれてるんですよ。※11

前にも書いたとおり、『トトロ』の公開は1988年。その10年くらい前の1978年頃、日本テレビのスペシャル番組としてのアニメといったら、僕は24時間テレビ以外に思いつきません。今はもうありませんが、始まったばかりの24時間テレビには、当時珍しかった完全新作かつ2時間のアニメスペシャル枠があったのです。テレビで新しいアニメが2時間も見られるということで、当時の子どもたちは熱狂しました。

各年のラインナップを並べてみましょう。

1978年『100万年地球の旅　バンダーブック』手塚プロ
1979年『海底超特急　マリン・エクスプレス』手塚プロ
1980年『フウムーン』手塚プロ
1981年『ブレーメン4　地獄の中の天使たち』手塚プロ

11 鈴木敏夫『風に吹かれて』中央公論新社

1982年『アンドロメダ・ストーリーズ』東映動画
1983年『タイムスリップ1000年 プライム・ローズ』手塚プロ
1984年『大自然の魔獣 バギ』手塚プロ
1985年『悪魔島のプリンス 三つ目がとおる』東映動画（原作は手塚治虫）
1986年『銀河探査2100年 ボーダープラネット』手塚プロ
1989年『手塚治虫物語 ぼくは孫悟空』手塚プロ
1990年『それいけ！アンパンマン みなみの海をすくえ！』東京ムービー

すぐにわかるとおり、ほとんどが手塚治虫関連作となっています。漫画『ブラック・ジャック』のヒットによって復活した、当時の手塚治虫人気を物語っています。初回の『バンダーブック』から高視聴率で、以後も恒例として続いたようです。

ただ、その『バンダーブック』ですが、制作現場はもうメチャクチャだったようです。当時の手塚治虫周辺の様子を描いた、ドキュメンタリー漫画『ブラック・ジャック創作秘話』で、そのあたりの詳細がうかがえます。

それによると、手塚プロのアニメ制作現場では、手塚治虫自身が絵コンテを切っていました。しかし、当の本人は売れっ子漫画家として、アニメと同時に漫画の連載原稿にも追われています。しかも、連載は何本にものぼります。

アニメもアニメで、「絵コンテを切ったら、はいお願い」ではなくて、演出やら何やらの打ち合わせにも手塚治虫が自ら参加します。1本の漫画連載すら苦しむ漫画家がいるのに、手塚治虫は何本もの連載と同時にアニメ監督の業務をこなしているわけです。

要は、手塚治虫本人がメチャクチャ忙しい体制なんです。

案の定、『バンダーブック』の現場では、手塚治虫の絵コンテが全然上がらない。ということは、それをもとにした、原画、動画、アフレコといった発注ができない。手塚治虫からはできたコンテが少しずつパラパラと上がってくるもんだから、原画をある程度の量にまとめて外注するということができません。

あまりの遅れに、現場では徐々にみんながパニックになっていきます。放送2か月前の段階では、制作担当デスクが突然の失踪。まあ、失踪したくなる気持ちもよくわかります。状況を整理するために、手塚治虫を含めた会議が行われるのですが、結局、遅れた絵コンテも原画も何もかも「これは手塚《づか》!!　私《わたし》が描《か》きましょう!!」という手塚治虫の発言に終始します。手塚治虫のせいで遅れているはずなのに、結局、手塚治虫以外にも時間の余裕はないし、手塚治虫も人に任せられないのです。いや、彼にだって時間はないのですが。当初予定の脚本や絵コンテだけでなく、ついには原画まで手塚治虫が担当することになり……。結局、手塚治虫やスタッフが寝ずに制作して間に合わせるという突貫態勢に入ります。

なんとか先に進めたとしても、ここからがまた地獄です。出来上がった素材を集めて撮影された試写を見て、手塚治虫はリテイク（＝やり直し）の指示を出します。

制作担当がついにキレてしまい、「先生《せんせい》どこが悪《わる》いんですか⁉　このシーンのどこがダメなんですか⁉」と問い詰めても、たとえば「ブラック・ジャックはねこんなふうに歩《ある》かないんですよ‼」とあっけらかんと答えます。いやあ厳しい。しかし、キャラの生みの親にそう言われるなら従うしかありません。リテイク地獄が始まります。

けれども、そんなありえない進行にもかかわらず、奇跡的なことに、『バンダーブック』は予定どおりオンエアされました。

とはいえ、ギリギリの状況だったことには変わりないようです。

当時のアニメはフィルムに現像されていました。『バンダーブック』は2時間弱の長編アニメなので、35ミリフィルムだと10巻くらいの束だったのではないかと思います。どれくらいギリギリだったかというと、「1巻を映写している頃、まだ最終巻が納品されていなかった」と伝えられています。つまり、放映中に現像しているということです。これはもう日本のアニメ放送史上、空前絶後の事態と言っても過言ではありません。

『トトロ』は24時間テレビ用の企画だったという仮説

海を旅する列車が舞台の次作『マリン・エクスプレス』では、より厳しい事態に陥りました。

手塚治虫はラストシーンの絵コンテを、なんとオンエア時に描いていたそうです。ということは、オンエア時に放送されたラストは、設計図となるべき絵コンテなしで制作が進められていたわけで……。いやはや恐ろしい話です。

これは、『マリン・エクスプレス』に携わり、あとで僕と一緒にガイナックスを立ち上げた井上博明というプロデューサーに聞いた話です。

さて、実は『マリン・エクスプレス』が生まれたのとほぼ同時期に、宮崎駿はある企画を生み出しています。

それが『海底世界一周』という企画で、東宝のオフィスで実際の企画書を僕もこの目で見たことがあります。僕がガイナックスにいた頃、「この企画をベースに、オリジナルアニメを作ってくれ」と言われたから、確認する機会があったのです。そして出来上がったのが、ＮＨＫで放送された庵野秀明のテレビアニメ初監督作『ふしぎの海のナディア』です。

ＮＨＫで作った『未来少年コナン』の続編として、宮崎駿が用意したともいわれるこの企画ですが、彼のなかではあとに『ラピュタ』のアイデアとして回収されます。だから『ナディア』と『ラピュタ』は似ているのですが、ともかく、宮崎駿は一度作った企画をタダでは捨てないのです。『海底世界一周』は24時間テレビ用にも提出された企画だったのではないかと推測します。

僕が考える当時のストーリーというのは、次のようなものです。

『バンダーブック』は成功したものの、ギリギリの制作進行になったことに危機感を抱いた日テレは、次回作として手塚プロではない企画も検討します。コンペに呼ばれた東宝が立てたのが、当時『パンダコパンダ』などで関わりがあり、まもなく『カリオストロの城』を作ることになる宮崎駿です。宮崎駿が動いた背景には、手塚治虫の担当編集の経験もあり、動向を察知していたであろう、鈴木敏夫の入れ知恵もあるかもしれません。

宮崎駿はパンダの親子と人間の女の子の交流を描いた『パンダコパンダ』を発展させて、広く子どもに喜ばれるアニメ作品として、『となりのトトロ』の企画を提出しました。

しかし日テレはこれにボツを出します。というのも、前章でお伝えしたとおり、当時の売れるアニメはSFが基本。昭和を舞台にしたお化けと女の子の交流なんて、地味すぎるというわけです。

開き直って宮崎駿が再提出した企画が、『海底世界一周』という、派手なSF冒険活劇です。これがどうしてコンペに負けたのかはわかりませんが、予算の兼ね合いか、あるいはやはり当時の宮崎駿は業界でこそ知られた人でしたが、一般の認知度は高くなく、そのことを理由に日テレ側が躊躇したのかもしれません。

結果的に、その企画のなかで「海底旅行」という華のある舞台設定だけが残り、「やっぱり今年も手塚先生にお願いしよう」という流れから『マリン・エクスプレス』に決着します。

宮崎駿は『海底世界一周』を『コナン』の続編としても提出したので、企画書はNHKと東宝に残ることに。『海底世界一周』を実現できなかった宮崎駿は、あとでアイデアを『ラピュタ』に流用し、僕らガイナックスはNHKと東宝の要請を受けて『ふしぎの海のナディア』へと企画を昇華させることになるのでした。

どうでしょう？　あくまで個々の事実を僕なりに結びつけた仮説ですが、こうして考えると、『ラピュタ』で宮崎駿がムキになっていた理由や、アニメ作家としての手塚治虫への敵対心がよくわかる気がします。もしかしたら『コナン』続編としての提出と、日テレへの提出と、順番が逆かもしれませんが、大筋ではこのような流れではなかったかと推測します。

もしも『トトロ』がテレビ作品として世に出ていれば、今より10年くらいは早く、国民的作家として認められるようになっていたのではないでしょうか。24時間テレビのスペシャル枠という晴れ舞台を得て、宮崎アニメが日本中のお茶の間に受け入れられたはずです。

『トトロ』の復活

ボツになっていた『トトロ』を引っ張り出したのは、鈴木敏夫でした。『天才の思考』から引用します。

『ナウシカ』は作るのに夢中だったのに比して、『ラピュタ』は映画作りとしては二度目。僕はもともと飽きっぽいのでしょう。そうすると違うことをやりたくなるんです。

それで、非常に気になっていた企画に目をつけました。宮崎駿が長年温めていて、二〜三枚絵も描いていた『となりのトトロ』です。昭和三十年代の日本が舞台で、オバケと子供の交流を描く話です。これなら新しい気持ちで取り組めるんじゃないかと思って、「これを次やりませんか？」と宮さんに提案してみたんです。
※12

その後、なんだかんだあって宮崎駿は『トトロ』を作る気になったようですが、またしても企画が頓挫しかけます。引き続き『天才の思考』からです。


徳間書店の当時の副社長だった、山下辰巳さんが「もう少しなんとかならないのかな」と難色を示すんです。

（中略）

「『トトロ』という企画はなかなか難しい。やっぱり『風の谷のナウシカ』とか『天空の城ラピュタ』とか、外国語の名前のついたものをお客さんは期待するんじゃないか」※12

要は地味だからボツ、SFじゃないからボツ、というふうに、やんわりと断られています。24時間テレビの時と同じです。

しかし、意外な救いの手があらわれます。新潮社です。老舗出版社である新潮社が、過去に刊行した名作『火垂るの墓』を、ジブリでアニメ化することにOKしてくれるのです。

これが大事件なのです。『ナウシカ』『ラピュタ』に出資してきた徳間書店というのは、出版社のなかで、今でこそ大手にも思えるのですが、当時はまだまだ新興の出版社です。講談社であったり、平凡社であったり、岩波書店。それに新潮社。このあたりが戦前からの超一流の老舗出版社です。当時の徳間書店と新潮社とでは、なかなか釣り合いません。

つまりどういうことかというと、「新潮社がやるって言ってるんだから、徳間ももちろんやるよな」ということです。しかも『火垂るの墓』というと、野坂昭如の直木賞受賞作です。一流出版社が一流作家の一流作品を提供する状況に、徳間はNOと言えません。本

12 鈴木敏夫『天才の思考』文春新書

当は、それまでの言い分からすれば、『火垂るの墓』もアニメにするには地味な企画のはずですが……。

ともあれ、『トトロ』は新潮社、野坂昭如、『火垂るの墓』のネームバリューを利用し、無事に企画が通ります。宮崎駿監督『トトロ』と高畑勲監督『火垂るの墓』の、夢の2本立て作品として制作がスタートすることになるのでした。

このあたりのより細かな経緯については、『天才の思考』をはじめ、鈴木敏夫のいろいろな本で語られているので、興味のある人はぜひ読んでみてください。

『トトロ』が86分になった真相

2本立てとして制作するということは、1本あたりの映画が短くなるということです。アニメ映画の尺は最大2時間が相場なので、半分ずつ分けて『トトロ』と『火垂るの墓』はそれぞれ60分になるはずです。実際、残されている『トトロ』の企画書にも「中編劇場アニメーション作品（六十分）」というふうに書かれています。

ところが実際に出来上がった『トトロ』は86分です。

これには単純な理由があって、妥協しないことで知られる高畑勲が、『火垂るの墓』を満足のいく作品にするために80分に伸ばしてしまったのです。全体で2時間尺ですから、では『トトロ』は40分……。というわけにはまいりません。宮崎駿も対抗して『トトロ』の尺を伸ばします。最終的には『火垂るの墓』が88分となり、宮崎駿は言い訳できるよう、それよりも少し短い86分にまとめたのでした。

姉妹が登場する理由

制作中に無理やり物語を伸ばした『トトロ』では、シナリオというものがなくなります。予定していたシナリオに沿ってコンテを切っていくのではなく、コンテを描き進めながら物語を考えていく、出たとこ勝負の作り方です。

お話の頭からコンテを描き始めて、それが途中まで行ったら、もう作画の打ち合わせを始めてしまいます。物語の結末がどうなるのか、本人にもわかりません。

まるで『少年ジャンプ』の連載漫画家のようなものです。「この先どうなるのかは、来週の俺だけが知っている」というノリで、コンテをどんどん切っていきます。

この作り方がまさに思い当たるのが、手塚治虫なんですね。『バンダーブック』や『マリン・エクスプレス』の制作現場を紹介しましたが、そこでまさに手塚治虫は、制作が進むなかでコンテを切っていました。どうしてこうなるかというと、手塚治虫の漫画家的発想が理由だと思います。アニメ制作としては無茶ですが、連載漫画出身の手塚治虫としては当たり前の作り方です。そのギャップが、スケジュールの悲劇を生みました。

宮崎駿も、手塚治虫と同じ悲劇に迷い込んでしまいました。しかもジブリ全体として見れば、映画クオリティの80分を同時に2本も作らなければいけません。普通に考えれば、24時間テレビでの手塚プロよりも厳しい状況です。

最終的に『火垂るの墓』は公開時に色塗りが間に合わなかったものの、『トトロ』は予定どおり完成しました。手塚治虫以上にどれだけ無茶をしようと、間に合わせてみせた宮崎駿。アニメ作家としての力量の軍配は、漫画の神様ではなく宮崎駿に上がるのではないでしょうか。

ちなみに、サツキとメイの姉妹が主人公になったのは、物語が80分に伸びたからです。

高畑さんへの対抗心に燃えた宮さんは「映画を長くするいい方法はないかな」と

言い出して、それで一人の女の子を姉妹にすることを自ら思いつくんです。※13

このように、鈴木敏夫が『天才の思考』で証言しています。

僕らのようなオタクは、どうしても設定の意味を考察してしまいますが、実際の設定は、このように制作上の都合から生まれることも多いのです。

アニメは子どものものである

さて、ジブリが怒濤の仕事量でなんとか作り、今度こそSFアニメ全盛時代を相手にまわした『となりのトトロ』『火垂るの墓』の2本立てですが、配給収入は5億8800万円。『ラピュタ』にはかろうじて勝ちましたが、2本立てでこの数字はさすがに期待外れだったのではないでしょうか。興行としては失敗と見ていいと思います。

ところが意外なことに、公開翌年にテレビで放送されると、21％の視聴率を獲得したのです。公開から遅れての反響について、『天才の思考』で鈴木敏夫はこう語ります。

> テレビで放映したらすごい視聴率をとり、映画公開の二年後ぐらいに世の中に出したトトロのぬいぐるみが大人気になった（中略）。出版物、グッズやテレビ放映、ビデオなど、『トトロ』がもたらす莫大な利益によって、ずいぶんとジブリは助かっているんです。※13

最初はテレビ用として企画しただけあって、『トトロ』はテレビで人気に火がついたのです。常々「子どものためにアニメを作る」と公言している宮崎駿。多くの子どもをターゲットにするのであれば、気軽に見られるテレビのほうが合っていたのかもしれません。だからこそ、僕はやっぱり「もしもテレビ番組として実現していたら」と考えてしまうのです。『トトロ』が映画より適切なフォーマットであるテレビ番組として、もっと早く世に出ていれば、アニメの歴史はまた違っていたかもしれません。

13 鈴木敏夫『天才の思考』文春新書

第4章

「才能」とはどういうものか？

1989年

『魔女の宅急便』

魔女のしきたりに従い、13歳の満月の夜にキキは黒猫ジジを連れて故郷を旅立つ。修行の場に選んだ街で、空を飛ぶ魔法を生かして宅配便を始める。社会に揉まれながら一人前の魔女を目指すキキだったが、失意から空を飛べなくなってしまう。そんななか、親友トンボの乗る飛行船の事故のニュースが。トンボを助けたキキは再び空を飛べるようになるのだった。

子ども向けに見せかけた大人向け

『トトロ』まで苦戦続きだったジブリですが、ついに『魔女の宅急便』で大成功します。具体的には、配給収入21億5000万円。1989年の邦画トップです。一気に『ラピュタ』『トトロ』の4倍。成功した『ナウシカ』と比べても3倍。これはもう大ヒットです。

この作品以降、ジブリは安定的にヒットを出し続けることになります。理由は、ファミリー層の支持です。というのも、やっぱり『ラピュタ』『トトロ』は宮崎駿の公言どおり子ども向け映画です。大人が観て深く楽しめるシナリオではないかなと正直思います。それが『魔女の宅急便』で明らかに変わりました。

『魔女の宅急便』は、子どもにとっても飽きない映画であることはもちろん、大人も大人で「あ、これはファンタジーに見せかけて、少女がひとりで社会のなかで生きていくことを描いているのか！」と、作り手の含意にすぐに気づける構造になっています。

子どもも大人も楽しめるので、ファミリー層の信頼を得て、次作からも人気が続くわけです。要は、親が自分も楽しめるなら、また次も連れて行っていいかな、と思えるわけです。

当時は今のように大人がアニメ映画を日常的に観に行く時代ではないですから、このファミリー層狙いが戦略的に正しかったのです。宮崎駿がどの程度意識していたかはわかりませんが。

魔法とは才能のこと

女性の社会的自立を描いたことがすぐわかると言いましたが、大人向けに楽しめるというのは、つまりメタファー（暗喩）がわかりやすく提示されているということです。

たとえば、主人公がなぜ魔法を使えるのか、魔女なのかというと、「魔法＝才能」というわかりやすいメタファーになっているからです。

このことは宮崎駿自身、各所のインタビューで何度もそう言っています。著作集『出発点』で確認できる企画書にも、

「魔女の宅急便」での魔法は、そんなに便利な力ではありません。
この映画での魔法とは、等身大の少女たちのだれもが持っている、何らかの才

能を意味する限定された力なのです。※14

というふうに書いてあります。

魔法は才能だからこそ、キキのようによく考えずに使えることも、急に使えなくなることもある。でも、ひょんなきっかけで、また使えるようになる。宮崎駿たち漫画家やアニメーターの世界でも同じです。スラスラ描けることもあれば、スランプもある。でも最後には割とうまくいく。これが才能とのつきあい方なのです。

少女が見知らぬ街で、才能が認められるようになるまでの物語。「魔法＝才能」のメタファーを用いて、少女の社会的自立を描いているのが、『魔女の宅急便』である。多くの観客はここまでは簡単に読み解けているのではないかと思います。

箒と対比される文明の利器

しかし宮崎駿は、キキの成長を描くためだけに魔法を用いているわけではありません。どういうことかというと、実は『魔女の宅急便』は、映画全体が宮崎駿の才能論になって

14 宮崎駿『出発点』徳間書店

いるのです。

この映画の裏メッセージは、「すでに才能でどうこうなる時代じゃない」ということだと僕は読み解きました。どういうことか、解説していきます。

20世紀以降の近現代は、言うなれば科学と経済の時代です。ひとりの人間の才能よりも、科学技術と数の力がものをいう時代です。

映画冒頭の旅立ちのシーンから、宮崎駿はこのことを容赦なく表現します。

箒に乗り故郷を旅立ったキキが、眼下に道路を眺めるシーンがあります。一連の場面が夜だからわかりにくいのですが、おそらく高速道路だと思います。車のスピードが速いです。キキを楽々と追い抜いていきます。

次にキキが遭遇するのが、巨大な複葉機の旅客機です。複葉機だから飛行機のなかでも遅いはずなのですが、それでもやっぱりキキを追い抜いていきます。キキよりもはるかに高い高度で、キキよりもたくさんの荷物や人を抱え、キキよりもずっと速く飛んでいく。

さらに続いて、地上では、蒸気機関車から巨大な蒸気の煙が噴き出ています。上空のキキは、腕を口にあてて苦しんでいるというカットになります。

極めつきは、箒に乗って自分が住む街を探しに行くはずだったキキ本人が、列車に乗ってしまいます。雨が降ると列車に潜り込み、屋根の下で、ぐっすりと眠って夜を明かすのです。なるほど、列車は箒と違って雨から守ってくれますし、眠ることもできます。

つまり、一連のキキが移動するシーンでは、自動車、複葉機、機関車といった科学技術の成果である乗り物を登場させることで、箒を飛ばせるキキの才能が別にありがたくもない現実を見せているのです。

観客に映画を観る前提を伝える冒頭で、才能と時代との戦いというテーマを乗り物の対比で提示するという、天才監督・宮崎駿の見逃せない演出です。アニメーションらしい動く快感もありながら、演出的意味も込められているという一度で二度おいしい天才ならではの腕前です。

母の仕事ぶりに見る才能の劣化

あるいはこの一連の場面は、キキがいかにちっぽけな存在かをあらわしているのだと読み解くこともできるでしょう。確かにそういった理由もあるとは思いますが、映画では、キキのみならず魔法そのものにもはや力がないことを伝えるシーンが、ほかに何度もあるのです。

わかりやすいのが、キキの母コキリです。

コキリは薬剤師なのですが、魔女ですから、シェイクスピアの『マクベス』に出てくる3人の魔女よろしく、大鍋でグツグツ煮込んで薬を作るのが、本来あるべきイメージだと思います。ところがコキリは、フラスコとかメスシリンダーとか、それにスポイトといった道具を使い、まるで科学実験のように、魔法の薬を作っています。

さらに、よく見るとわかるのですが、コキリも一応は魔女らしい大鍋を持っているようです。どのカットでも観客に気づかれにくい位置に配置されていますが、コキリが薬を作るそばで、本来使われるべきはずの大鍋が花瓶として花を差して置かれています。

人によっては、見たまま花瓶として認識してしまう描写です。宮崎駿は学習院大卒のインテリで、東大出身の高畑勲に育てられたエリートなので、観客を変に信頼してしまいます。「これくらい見せればわかりますよね? これ以上だと露骨だよね?」という気持ちからなのか、大事なことをさりげなく流してしまうことが多いです。確かにわかる人には一目瞭然、明らかに西洋のファンタジーの系譜にある大鍋の形をした花瓶です。

また、キキとの会話に気をとられ、手に持つ試験管の薬を爆発させてしまうというシーン、薬を受け取ったおばあさんから「あなたの薬が一番効くわ」と礼を言われるシーンも重要な意味を持っています。

これらコキリの描写が教えてくれることが、3つあります。

まず一番わかりやすいのは、コキリがダメ魔女だということですね。ドジを踏むユーモラスな場面ではあるのですが、コキリの才能が大したことないことがわかります。これはもうわかって当然。そのうえで、何を読み解くか。

2つ目は、「才能を持つ者こそ時代に流されている」というメッセージです。先祖代々受け継いでいる道具を使わずに、最新技術でちゃちゃっと仕事を済ませているのがコキリです。劇中、魔法の力が弱くなってきたと愚痴っているのですが、それは時代のせいというより、彼女自身のせいです。

時代に対抗して才能で頑張るということをしないで、時代のうまみを享受し、才能である魔法を磨く姿勢が見られません。そりゃあダメ魔女になるはずです。

3つ目は、「コキリの薬が世間に必要とされていない」ということです。少し意地悪に見ると、コキリはおばあさんに慰めの言葉を言われるくらいの存在なのです。昔馴染みの近所の老人には求められているものの、若い世代の顧客がついていません。「ご用の方はベルを鳴らして下さい」という玄関の案内書きも、いかにも繁盛していないように見受けられます。めったに人が来ないのでしょう。

コキリの仕事ぶりの描写は、角野栄子の原作にはない映画オリジナル。映画はすべての場面に理由があります。才能論としての魔法を語るために宮崎駿が意図的に加えた場面だと捉えるのが適切でしょう。

コキリは大鍋で精進せず、実験器具に頼った調薬をしています。キキも箒での旅を続けず、汽車に逃げました。才能は時代の発展により廃れるのではなく、才能を持つ者の態度のせいで廃れるのだというのが、この映画が提示するメッセージだと読み解けます。児童文学が原作とは思えない、かなり辛辣なメッセージですね。実際、原作者はアニメ版に納得していないという話もあります。

宮崎駿の危機感

「才能があるくせに、なまけやがって」というのは、宮崎駿にとって、アニメーターとしての実感だったのだと思います。

自分たちが徒弟制度のごとく受け継いできた、手描きアニメーションの技法が失われていく。便利なコンピュータ、CG、アルゴリズムを使って誰でも同じ絵が作られる。実物の観察、スケッチを繰り返すことなく、テレビや映像ソフトで見てきたアニメを拡大再生産してアニメを作るヤツが増えてきた。今の若手はちょっとした日常演技も満足に描けない。機械は使いこなせても、手で描くとなるとすぐにデッサンが狂う……。

アニメーション技術は没落してしまったというのが、宮崎駿が長年抱え続けている思いです。ご存じのとおり、彼はCG嫌いで知られていて、手仕事の雰囲気がジブリのブランドイメージにもなっています。『崖の上のポニョ』では現代のアニメとしては異例の、CG排除という行動にも出ています。

携帯やスマホも、本人としては表向き使ってないことにしています（表向きというのは、実は持っていると鈴木敏夫がバラしてしまったことがあるのです）。科学技術によって、ある種、人間の才能が衰退していくというのが宮崎駿の考えです。

ちなみに、少し話が脱線しますが、おもしろい話があります。宮崎駿の価値観に影響を与えた、一見説教くさい作品の多い高畑勲ですが、宮崎駿とは反対に最新技術を好みました。実は『ホーホケキョ となりの山田くん』のような一見素朴な画面は、デジタル彩色だからこそ実現した作風です。ネットサーフィンが趣味で、デモ音源で使用するなど初音ミクもちゃっかり追っていたという意外なエピソードも残っています。

話を戻します。宮崎駿は、日常生活はともかく少なくとも制作現場においては、『風立ちぬ』まで一貫して手仕事に価値を置いています。誰がなんと言おうと、紙と鉛筆で勝負を続けてきました。科学に才能が敗れる時代にあって、ひとり才能を守ってきたという自負があるのです。

才能論として見るとラストシーンの意味がわかる

さて、『魔女の宅急便』も結局、『ナウシカ』や『ラピュタ』と同じように結末が論争の的になりました。

どんな論争か、手っ取り早く紹介するために、鈴木敏夫と押井守それぞれの言葉を引用します。彼らの発言に争点がまとまっているからです。

まず、鈴木敏夫が『天才の思考』で語った見解から紹介します。もちろんジブリの人間ですから、結末肯定派です。ただ、彼の話によると、ジブリの制作現場でも否定派が多かったようです。身内でも揉めるくらい、宮崎作品の結末というのは、理解が難しいということでしょうか。

メインスタッフの間では、キキが奥様からケーキをプレゼントされるシーンで終わったほうがいいという意見が大勢を占めていました。

そこで僕は宮さんのいないところでメインスタッフを集めて説得することにしました。

「（中略）娯楽映画というのは、やっぱり最後に〝映画を見た〟という満足感が必要なんじゃないか。そのためには、ラストに派手なシーンがあったほうがいい」

（中略）

映画が公開された後、『キネマ旬報』の映画評にこう書かれていたのです。――いい映画だったが、ケーキのシーンで終わっていたら、もっと名作になっていただろう。

（中略）

たしかにウェルメイドなストーリー構成という意味ではそのほうがいいのかもしれません。でも、僕は映画っていうのはワンシーンごとに釘付けになってワクワクしながら見るものだという気がするんです。
※15

対して押井守ははっきりと否定派です。『誰も語らなかったジブリを語ろう』では、

――宮崎さんはでき上がった『魔女宅』に満足しているんでしょうか？

押井　聞いたことはないけど、たぶん好きじゃないと思う。半信半疑でやらざるを得なくて、だからこそ、最後の飛行船のエピソードを付け加えた。あれがないと宮崎印にならないと思ったからだよ。もちろん、原作にはないし、おそらく脚本にもなかったんじゃない？　追加で自分でコンテを切って入れたんだよ。

――飛行船のエピソードがなかったら、どうやって終わるの？

押井　預かった荷物をちゃんと届けておしまい、ですよ。

（中略）

この作品のテーマは、最初のミッションを終えて、初めて魔女として一人前にな

15 鈴木敏夫『天才の思考』文春新書

った、その少女の成長の記録でしょ？（中略）サラっと語って、サラっと作るべきだったのに、宮さんは盛り込みたい性格だから、ついついやってしまったんだよ。※16

というふうに答えています。だいたいこのふたりの話のとおりが、『魔女の宅急便』結末論争です。飛行船のスペクタクルはいる、いらないで揉めているのです。

僕は、申し訳ないけれど、押井守も、当事者であるはずの鈴木敏夫も、作品理解が甘いのではないかと思います。もう少し、宮崎駿のことをわかってあげてほしい。

要はキネマ旬報にしろ、押井守にしろ、否定派の言い分は、『魔女の宅急便』を主人公の自立の物語としてしか捉えられていないから生まれるのです。肯定派の「純粋に盛り上がるスペクタクルだから加えたほうがおもしろいじゃん」というのも映画興行の観点からは悪くないですが、本当にそれだけでしょうか？

この結末は「才能と時代との戦い」という映画の裏テーマに即して考えると、自然に理解できます。なぜ、最後に飛行船を出さないといけなかったのかは、こういうことです。

同じ空を飛ぶ手段として、飛行船という科学に対し、魔法という才能が、ほんの一瞬でも打ち勝つ「奇跡」を描いていると捉えてみましょう。

しかも美しいことに、物語冒頭の、自動車、複葉機、機関車といった乗り物に負けていたキキの描写と結末が、きれいに対になって作品を挟んでいます。もう本当に、冒頭と結末はうまく対比されていて、ほかにも故郷を箒で飛び立つシーンとトンボを助けるためデッキブラシで飛び立つシーンが対になっています。『ナウシカ』や『ラピュタ』のシナリオの無茶苦茶はどこに消えたのか不思議なくらい、よくできた物語です。

まとめると、飛行船のスペクタクルは、宮崎駿が広げた問題提起を回収するのに欠かせない結末だったのです。冒頭の「才能は時代に負けてしまった。才能がある人たち、それでいいのか？」という問題提起が、結末では「才能を信じ抜けば、いつか時代に勝つ奇跡が起きるはずだ」というふうに決着しているのです。

これは宮崎駿の願望を表現しているとも言えるかもしれません。コンピュータに頼り切ったアニメ制作こそが沈没船で、自分が続ける手描きアニメにこそ奇跡が舞い降りるのではないか、いやそうでなくてはならないと。

現実世界でも、『魔女の宅急便』でついに、宮崎駿が長年続けてきた手仕事に評価が集まったのです。作品でも現実でも、伏線がみごとに回収されました。

『魔女の宅急便』のリベンジとしての『平成狸合戦ぽんぽこ』

ちなみにジブリには『魔女の宅急便』に似たテーマを持つ別の映画があります。

1994年公開、高畑勲の『平成狸合戦ぽんぽこ』です。かつて尊敬された能力者の一族が、社会のなかで埋もれるように生きている。科学に対して、どう対抗するか。最後の奇跡に挑戦する。こう書くと、『魔女の宅急便』にも『平成狸合戦』にも当てはまりますよね？

先ほど引用した押井守の言葉もあながち間違いではなくて、どうやら宮崎駿自身もインタビューなどで様子を見るに、『魔女の宅急便』の出来に満足していないようです。

もともと『魔女の宅急便』は、あとで『この世界の片隅に』で遅まきながら評価されることになる片渕須直が監督する予定でした。それを急遽引き継ぎ、公開は『トトロ』の翌年という急ぎのスケジュール。しかも宮崎駿の好みではない、悩み多き思春期の少女が主人公です。かなり無理して作ったのでしょう。自立の物語ばかりがクローズアップされ、裏に秘められた深い才能論を誰にもわかりやすく提示することができませんでした。

宮崎駿と高畑勲という監督の違いはあれど、5年後に、今度こそ真のテーマを明確に打ち出すことができたのは、せめてもの幸いだったのではないでしょうか。ジブリのなかで、バトンとして受け継がれているテーマがあるというのは、おもしろいですね。

語り尽くされたジジが喋れなくなる理由

さて、以上で才能論を切り口にした『魔女の宅急便』解説は終わります。が、最後に簡単にでも触れておこうと思うのが、「ジジはなぜ喋れなくなったか」です。『魔女の宅急便』の考察では必ず話題になる、この問題。本書でも触れないわけにはいきませんよね。

世間で主に言われている説は、大きく分けて2つです。

1つは原作準拠の説です。原作では、

> 魔女のおかあさんは、女の子が生まれると、同じ時期に生まれた黒猫をさがして、いっしょにそだてていきます。そのあいだに、女の子と黒猫はふたりだけのおしゃべりができるようになるのでした。（中略）やがて女の子も成長し、猫にかわるようなたいせつな人ができ、結婚ということになると、黒猫も自分のあいてを

見つけて、わかれて暮らすようになるのでした。※17

というふうに設定が語られています。

これに準拠して、キキがトンボと恋をしたからというのが原作派の説です。

ただし明らかに宮崎駿は、この設定を生かしていません。原作では、キキとジジだけでなく、コキリとジジもコミュニケーションをとっているのですが、映画にはそんな場面はありません。コキリとキキの間で、「魔女のしきたりとして、言葉を話すジジがいる」というふうな了解があるようには見えないのです。トンボとキキの恋愛関係も、そう強くは演出されていません。

そこで2つ目の説が、いやもう説というよりすでに宮崎駿や鈴木敏夫が各所で明かしている答えなのですが、イマジナリーフレンド説です。喋るジジはもともとキキの空想で、自立とともにイマジナリーフレンド（想像上の友達、自分の分身）が必要なくなったという見解ですね。

一応、証拠というわけではないですが、『天才の思考』から引用しておきます。

17 角野英子『魔女の宅急便』角川文庫

思春期について考える中で、ジジの役割もすごくはっきりしていきました。あれはただのペットじゃなくて、もうひとりの自分なんですね。だからジジとの会話っていうのは、自分との対話なんです。ラストでジジとしゃべれなくなるというのは、分身がもういらなくなった、コリコの町でちゃんとやっていけるようになりました、という意味を持っているわけです。
※18

ジジが喋れなくなった、というより、ジジと喋れなくなった、ということです。

そもそもジジはなぜ喋る必要があるのか

宮崎駿がすさまじいのは、ジジはキキの分身ということを思いついたことで、アニメの歴史上、前代未聞の演出につなげてしまうところです。

鈴木敏夫はジジを「もうひとりの自分」と説明していますが、もっと詳しく言うと、「対立するもうひとりの自分」です。どういうことか。キキのセリフは建前で、ジジのセリフは本音、というふうに作中で使い分けられています。

18 鈴木敏夫『天才の思考』文春新書

たとえば、自分で作った箒ではなく、お母さんに彼女の箒を与えられた時。キキは一丁前に「やだー、そんな古いの」と否定しますが、ジジは「僕もお母さんの箒がいいと思う」と言います。自分らしくありたいお年頃なのですが、本心では親に頼りたいという気持ちがあるのです。

ほかにも、旅立ちの道中で出会った先輩魔女にキキは「わあすごい!」となるのに対し、ジジは睨みつけています。女性のなかにある同性への憧れと嫌悪をキキとジジであらわしているわけです。

自立するというのは、認めたくない本心の自分も、自分として受け入れるということです。認めたくない自分を分身に責任転嫁せず、同じ自分として扱える。それが大人になる、ということをあらわしています。

以上が僕なりのジジ解説なのですが、ここで宮崎駿がなぜすさまじいかというと、1つは、ただジジに何か言わせるのではなく、明確にキキと役割を区別している設計力です。もう1つが、演出手段の発明力です。この方法を使えば、小説には容易でも、映像作品では難しい、人物の外面と内面を同時に語ることができるようになるのです。キキの物語をいちいち止めずに、ジジの表情やツッコミでキキの本心を表現できる、この無駄のなさが監督・宮崎駿のすさまじさです。

与えられた期間が短いほうが、往々にしてよいものが生まれることがありますが、『魔女の宅急便』もそうかもしれません。ピンチヒッターの宮崎駿による、子どもには楽しく、大人には感心される完成度の高い作品。『魔女の宅急便』はそんな作品だと思います。

第5章

飛行機オタクの大暴走

1992年

『紅の豚』

1930年頃のイタリア。第一次世界大戦では空軍の飛行士だったポルコも、今では空賊を狩る賞金稼ぎとして飛行艇を飛ばしている。顔はなぜか豚。同じ女性ジーナを想う恋敵のカーチスに一度敗れたが、若い女性設計士フィオの修理を受けて再度カーチスに挑む。空中戦では決着がつかず殴り合いの結果、ポルコの勝利。フィオのキスを受けたポルコは……？

好きに作ってすごいことになった『紅の豚』

ようやく『魔女の宅急便』が大ヒットした宮崎駿。『紅の豚』では好きに映画を作らせてもらえます。誰がどう見ても豚は宮崎駿自身がモデルですし、この作品で宮崎駿は、正面切って大好きな飛行機を描くことに集中しています。ＪＡＬの機内上映のために作られたことも理由ですが、それにしても飛行機が生き生きと描かれています。

観客のターゲットは「疲れて脳細胞が豆腐になった中年男」なのだと、本人が演出覚書で明言しています。これまで守ってきた「アニメは子どものため」という建前をいったん忘れて、まさに疲れた中年である自分に向けて好きに作ったのでしょう。『トトロ』『魔女の宅急便』の立て続けの激務への、盛大な反動です。

空を飛べばモテモテで、若い女子にはキスされて、憧れの未亡人とは結ばれて……。気持ち悪いくらいのオヤジの夢物語が描かれます。

好きに作っただけあってストーリーの整合性はいよいよメチャクチャです。これまでの作品は、難を指摘されつつも、感動的な結末になんとかまとまっていました。対して、『紅の豚』は、「え、散々飛行機乗りのプライドを描いてきて、最後は殴り合いで決着ってさすがにそれはないでしょ？」と僕も思うほどです。何というか、グダグダ感がうまく隠せていません。

というより、隠す気がないのでしょう。この作品以降、宮崎駿はシナリオの整合性、起承転結の法則といったものを明らかに気にしなくなります。

それでも『紅の豚』は僕が本当に大好きな宮崎アニメです。宮崎駿が初めて本心を隠さずに吹っ切れたことで、作家として一皮剝けた作品。『紅の豚』はそう位置づけてよいと思います。物語ではなく絵に着目すると、特に飛行機の描き方は飛行機オタクの面目躍如と言いますか、細かい描写にいちいち唸らされます。

宮崎駿が愛してやまない飛行機。「わかる人にだけわかればいい」と説明しないでとにかく詰め込まれた、飛行機まわりの描写について解説していきます。

『鳥人間コンテスト』とマンマユート団

物語冒頭10分、空賊マンマユート団による女学生誘拐と、それを解決する主人公ポルコ・ロッソ。この一連の飛行機アクションシーンだけでも、語れることがたくさんあります。

何しろ異常に正確な飛行機描写です。

まず注目してほしいのが、マンマユート団の飛行艇（ポルコの愛機サボイアもそうですが、「飛行機」ではなく水面発着できる「飛行艇」です）、ダボハゼ号の着水シーン。なめらかに降りてくるのではなく、上から叩きつけるように着水しています。真横からスムーズに降りたほうが船体へのダメージも少なそうなものですが、斜め上からほとんど落下するように着水しています。

マンマユート団の荒々しさをあらわす演出なのかと思いますが、そうではありません。マンマユート団、見かけによらずちゃんと仕事をしております。

というのも、この手荒な着水は、「地面効果」を避けるためなのです。

地面効果とは何かというと、地面近くで飛ぶ飛行機の浮き上がる力が一時的に増すことです。琵琶湖で開催されている『鳥人間コンテスト』の映像を見たことがあるでしょうか？出場者はみんな水面ギリギリを飛んでいます。出だしでもっと高度を上げれば、落ちるまでの時間が稼げると思いがちなのですが、実はそうではないのです。

水面ギリギリの、いわゆる高度1メートルくらいのところを飛ぶと、『鳥人間コンテスト』に出てくるような小さな滑空機の場合、地面効果によって遠くまで飛べるのです。これが高度5メートルとか10メートルとかまで上がっちゃうと、地面効果がなくなって、あまり飛べなくなってしまいます。

地面効果は翼と地面の間の空気流によって起こされます。翼が上部にある飛行機の場合は地面効果が抑えられるのですが、ダボハゼ号にはスポンソンと呼ばれる機体を安定させる、短い翼のような張り出しがついています。ダボハゼ号はこのスポンソンが翼のごとく大きいので、地面効果による揚力が発生してしまいます。

操縦士は、地面効果によって「先に飛びすぎる」ことで、目的の位置に着水できない可能性を睨んでいたのだと思われます。だから勢いよく垂直落下のように水面に突っ込みました。これで襲撃する船に横付けできます。

また、誘拐を終えて逃げるダボハゼ号が低空で飛んでいるのも、地面効果で説明ができます。追跡を恐れているといった理由に加えて、地面効果によってできるだけガソリンを節約している。ケチなマンマユート団ならではの理由ではないでしょうか。

地面効果は航空力学の世界では常識ですが、アニメーターが必ずしも持っている知識ではありません。『紅の豚』は、何の気なしに描くのでは生まれないシーンの連続です。

本書ではすべてを解説しませんが、宮崎駿はこういった物理現象をことごとく再現しています。ディテールに注意して描くことでアニメーションはグッとリアルになります。ジブリアニメを見て、思わず「この世界に行きたい！」と僕らが思えるのは、卓越したリアリティが世界観を信じ込ませてくれるからではないでしょうか。

豚の顔をした人間というありえない設定でありながら次第に違和感が薄れていく裏には、作者の隠れた努力があるのです。

ポルコに弾が当たらない理由

実はマンマユート団が水面ギリギリに低空飛行する理由が、もう1つあります。それは敵の被弾を抑えるためです。この時代の空中戦というのは、すれ違いざまに攻撃するというスタイルです。上からの敵機が高度を落としてダボハゼ号を襲おうとすると、降下ルート上にある水面に激突してしまいます。地面ギリギリに低空飛行する相手には、急降下で襲いかかるという手段がとれないのです。

ところがなんとポルコは、ダボハゼ号よりさらに低い位置を水面ギリギリに飛んできて、下からの攻撃を成功させてしまいます。これでダボハゼ号の2つあるエンジンの半分が破壊されます。いよいよ地面効果の力を借りざるを得ず、超低空飛行するダボハゼ号を、これまた低空飛行のポルコ機サボイアが追いかけていきます。

この時マンマユート団は、後ろのサボイアを狙って機関銃を撃ちまくるのですが、なぜかまったく当たりません。『インディ・ジョーンズ』シリーズや多くのアクション映画よろしく「主人公には弾は当たらないのだ！」というご都合主義ではありません。ちゃんと理屈で説明できるようになっています。

実はサボイアはまっすぐ飛んでいるようで、まっすぐ飛んでいないのです。ポルコは小さな舵をちょっとずつ使い、機首を向ける方向を巧みにズラして実際の進路をわかりにくくしています。相手を騙すトリックです。

どういうことでしょうか？

当たり前のことですが、相手を狙う場合、現在の位置を狙わずに予想進路を狙います。敵機の予想進路というのは、もっと言うと敵機の鼻先が向いている方向です。マンマユート団もそのとおりに撃つわけです。

ところが実際のサボイアは、まっすぐではなく、ややドリフトしながら飛んでいます。マンマユート団の予想と実際の進路は重なりません。だから弾が当たらないのです。

そんな技が現実的にできるのかというと、これにもちゃんと理屈があります。サボイアは木造の飛行艇で、木造ということはつまり、その日のコンディションによって形が歪みます。だからまっすぐに飛ばすのが非常に難しいのです。まっすぐに飛ばしているつもりが、右や左に勝手に傾いてしまうのが木造飛行機の難しさです。

木造は扱いにくいからこそ、多くの飛行士たちは金属製に乗り換えています。しかし頑固なポルコは、その超人的な操縦能力でなんとか昔ながらの愛機を飛ばしていました。しかし、だからこそできた芸当が、「まっすぐに見せかけたドリフト」なのです。

まっすぐに見えてダボハゼ号に微妙に近づいたり遠ざかったり、右にズレたり左にズレたり。これが狙っても狙っても弾が当たらない真相でした。オンボロを乗りこなすポルコの天才的技術と、サボイアの独特な機体のコンビネーションから生まれた、ほかの誰にも想像できない技なのです。

古い木造だからまっすぐ飛べないというのは、設定だけでは伝わりにくいからでしょうか。物語中盤の修理シーンでフィオは、「タブ（機体を調整する操縦翼）を取りつけたからまっすぐ飛べるようになった」という趣旨のことを言っています。タブを調整することでついにまっすぐにも飛べるようになったサボイアですが、それ以前はどんなに乗りこなしにくかったことでしょう。

旋回だけでもすぐわかる天才的な飛行技術

ダボハゼ号追撃のシーンだけでなく、カーチスとの決闘シーンでも、ポルコの天才的腕前が披露されます。

それは、地面すれすれの急旋回です。劇中、急旋回を見た観客がみな驚いていますが、何がすごいのか宮崎駿は説明してくれません。普通に見ていたら、「まあ地面すれすれって観客からしても危なそうだし」で終わってしまうだけのシーンですが、これも飛行機の常識をちょっと知っているだけで深く理解することができます。

飛行機は車や船のように、舵を切るだけでは曲がれません。飛行機は舵を右に切っても、機首が右を向くだけです。機首が右に向いたまま、飛行機は相変わらずまっすぐ進んでしまいます。車でいうと、ドリフトして横滑りするように進むだけです。

飛行機の進路を曲げようとする場合は、外から見ていれば当たり前のことですが、飛行機自体を傾けなくてはいけません。ところが傾けると困ったことが起きます。

旋回すると翼の投影面積（斜線部）は小さくなる

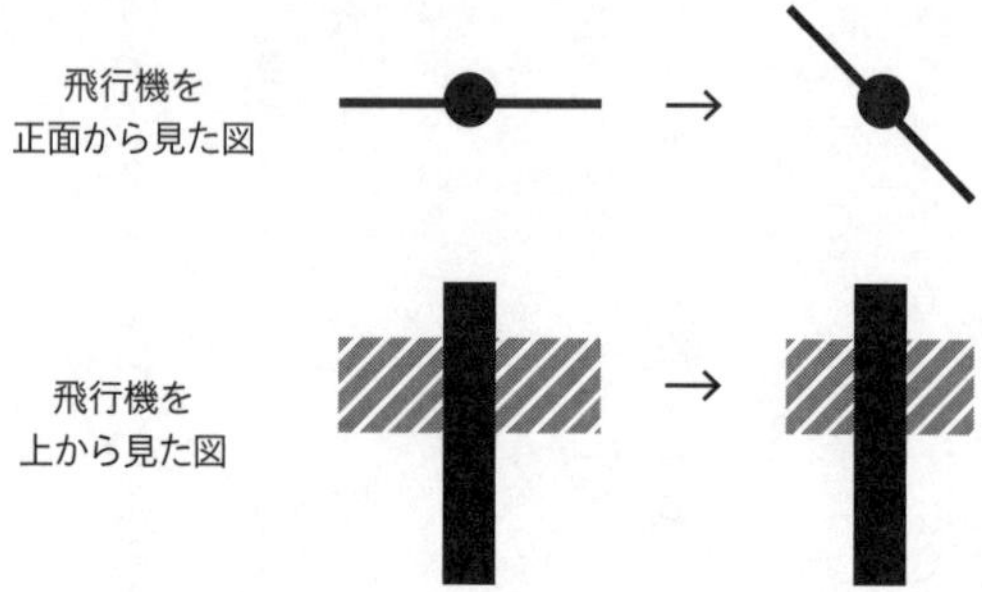

飛行機の揚力、つまり浮く力は、翼の投影面積に比例します。翼の投影面積というのはとりあえず、地面に対して垂直に上から光を翼に当てた時の影の大きさだと思ってください。つまり、機体が傾くと、投影面積もおのずと小さくなります（上図参照）。投影面積が小さくなるので、この時、揚力も下がるわけです。

要するに旋回時に揚力は下がるのです。そのせいで、自然に高度も落ちていくことになります。旋回する際に高度を保つには、別に手順が必要です。

こんな手順です。機体を傾ける。その瞬間に投影面積が減るので、揚力も減り、機体が落ち始める。そんななか、舵をとって機首を上に向ける。同時にスロットルを開けて（車でいうところのアクセルを踏んで）プロペラの回転数を上げる。

タイミングよくこれらの動作を行うことで、高度を一定に保ったまま旋回することができます。観客の歓声というのは「高度が下がり墜落してしまう危険を顧みない度胸」と「旋回中に高度が保てる技術」に向けられているのです。

今でこそ飛行機はこうした問題を簡単に克服していますが、当時の飛行機で高度を落とさずに飛行するのはなかなかの技です。ポルコの高い飛行技術を物語る場面です。

ポルコとカーチスはどちらが優秀か

ポルコの技術ばかり褒めてきましたが、彼に決闘を挑むカーチスもなかなかの腕前です。ポルコとの決闘は飛行機同士のドッグファイトでは決着せず、結局、素手の殴り合いになったのですから、カーチスももちろん充分な腕前です。

カーチスがポルコに劣らない飛行士であることは決闘以前から描かれています。劣らないどころか、カーチスにできて、ポルコにはできないこともあるようです。

というのも、ポルコは決して夜には空を飛びません。明るい時間しか飛ばず、せいぜいが夕焼けのなかでの飛行です。対して、カーチスは夜間飛行を躊躇しません。

この時代、夜の飛行は危険です。なぜなら当たり前ですが、夜の飛行はまわりが見えないからです。便利なレーダーがなく、原始的な観測機器と手計算しかない状況では、計画どおりに飛ぶのがとても難しい。身近な状況で想像してみてください。目が慣れていない真っ暗ななかで正確に歩けますか？　まっすぐ歩けますか？　難しいでしょう。

この時代に多くあった事故の1つが、燃料切れでの遭難です。昼間ですら、まっすぐに目的地に向かうのは困難です。先ほどのポルコのドリフトじゃないですが、まっすぐ向かっているつもりが、実際はスライドしながら大きな円を描いている。旧時代の飛行機では、そんなことがよく起こりえます。昼間であれば機首を合わせながらまっすぐに整えることができますが、夜だったらまわりが見えないので、まっすぐも何もないわけです。

ほかにもありえる事故が、山に激突です。暗いなかでは高度を正確に把握するのが難しいので、思ったより低くを飛んでいて、暗いなか障害物を目視した頃にはもう遅い！　激突！　という顛末ですね。

着陸、着水も明かりなしでは難しいでしょう。特に海上の着水は難しいです。明かりがない海上では、気づいた頃には海面すれすれということもあるでしょうし、何となく高度がわかっていても、着水の動作をタイミングよく合わせるのは至難の業です。

夜、ホテル・アドリアーノから飛び立つカーチスを見て、ポルコが「あいつ、いい腕してる」と言うのはそういうことです。カーチスは夜に飛んでもまっすぐの進路と思いどおりの高度を維持できる技術と度胸があるわけです。夜間の着水もお手のものです。

カーチスの愛機は翼が上下二段構えになった複葉機なので、下の翼に対して地面効果が大きく発生します。おそらくカーチスは、海面に近づくことでわずかに生まれた揚力から地面との距離を感覚的に把握し、エンジン出力を落として着水するという高度なテクニックを有しているのでしょう。

熟練のポルコが泊まる夜、若きカーチスが離陸する。ふたりの天才をうまく対比した場面と言えます。

ちなみに『ナウシカ』解説の際に取り上げたサン＝テグジュペリの『人間の土地』は1939年の作品。サン＝テグジュペリは20世紀前半の、飛行がまだ命がけだった時の飛行士です。しかも彼は郵便飛行士として、国際的な新航路の開拓など、命がけの旅を数々経験しています。だからこそ『人間の土地』のような哲学が生まれたのです。

さらに言うと、彼には1931年の『夜間飛行』という作品もあり、それを読むと当時の夜間飛行の厳しい現実がわかるのでオススメです。ぜひ読んでみてください。

ロアルド・ダールが描いた墓場

宮崎駿はサン＝テグジュペリ以外にも、たくさんの飛行機ものを読み漁っています。たとえば、カトリーヌ・ドヌーヴ主演の名作映画『昼顔』の原作者で知られ、自らも飛行士だったジョゼフ・ケッセルによる飛行機もの『空の英雄メルモーズ』や、さらにそのモデルともなった同じく飛行士のジャン・メルモーズによる『わが飛行』などを読んだことを明かしています。

なかでも彼が愛する作家は、映画『チャーリーとチョコレート工場』の原作である児童文学の名作『チョコレート工場の秘密』を書いたロアルド・ダールです。イギリス空軍のエース・パイロットでもあった彼の作品には、『飛行士たちの話』『単独飛行』という飛行機ものがあります。宮崎駿は『出発点』でその影響を次のように語ります。

『飛行士たちの話』は、たまたま読んだんです。これには、彼がイギリス空軍にいたときに、ギリシアで体験したことをもとにして書かれた、いくつかの短編《たんぺん》が収録されていますね。それに、ものすごく惹《ひ》かれました。

（中略）

飛行機もので初めて「あ、これは本物だ」と思ったのがロアルド・ダールでした。サン＝テグジュペリは格好つけて瞑想《めいそう》しすぎてて、これでは飛行機が墜《お》っこちちゃう感じが読んでてどこかあるんですね。

（中略）

それに較べて、ロアルド・ダールの作品には、よけいなものがなんにもない。ひとつ突き抜けてますから。あの爽快感《そうかい》は何なんですかね。僕は本当に爽快だと思います。それと同じことを『単独飛行』を読んだ時にも思いました。それで、こういうやつが日本にいないかな、日本人でこういう人間が出てこないかなって。そういう一種羨望《せんぼう》の想いで、あの本読んだんです。

※19

影響が顕著に見受けられるサン＝テグジュペリ以上に影響を受けたというのが意外です

19 宮崎駿『出発点』徳間書店

が、確かに『紅の豚』では、ロアルド・ダールからの引用も明らかです。

　それが、雲の上の世界のシーンです。「昔の戦闘機仲間が死んだ後、雲の上の飛行機の列にどんどん吸い込まれていくなか、自分はそこに行けない」という苦い思い出を、ポルコがフィオに語るあの印象的なシーンです。

　この元ネタが、『飛行士たちの話』に収録されている『彼らは歳を取るまい』という短篇です。第二次世界大戦のイギリス空軍を舞台に、『紅の豚』とよく似た、飛行機の墓場が登場します。空中戦で死んだ飛行士たちは、みな不思議な空間に連れ去られて、そこで永遠に飛行機に乗りながら、歳を取らずに生きています。

『飛行士たちの話』（ハヤカワ・ミステリ文庫）

　しかし、この小説の語り手であるフィンという青年だけは、ポルコと同じように、そこで死ねずに帰ってきてしまいました。そして、墓場を見た次の空中戦で、ついにフィンの飛行機は撃たれます。そして墜落する瞬間に喜びます。空で死ぬということは、仲間とともに永遠に飛べるという意味であって、それが嬉しくてしかたがないからです。

ところが、彼はまたもや生き残ってしまいました。結局、空では死ねずに、今日もひとりで生きていくという苦い結末です。ダールの実感がこもっているからか、印象的な短篇に仕上がっています。読者の皆さんにはもうおわかりのように、『紅の豚』が『彼らは歳を取るまい』を下敷きにしているのは明らかですね。

生と死、人間と豚

『彼らは歳を取るまい』のフィンが死を望んでいるのと同じように、ポルコもいつも死に場所を探しています。死に場所を探しているからこそ、たとえば空賊は殺さないとか弾丸の数に制限を設けるといった不利なルールを自分に課しているのです。

ジーナの誘いに乗らないというのも、ポルコの自らへの戒めです。ジーナは過去に3回、飛行士と結ばれ、その3人ともが死んでしまいました。生き残った自分だけがジーナをものにしていいはずがありません。

ポルコは、自分が生きていることは間違いだと思っているのです。死んでいった仲間を裏切り、賞金稼ぎとして無様に醜く生き残っているからこそ「豚」なのであって、人間として正々堂々と人生を謳歌するわけにはいかないのです。

その彼が、人間の顔に戻ってしまった瞬間が、劇中2回あります。1つはラストでフィオにキスされたシーンですが、もう1つが、秘密基地でカーチスと戦う前準備をしているシーンです。

「ジジが喋らなくなったのはキキとトンボが結ばれたからだ」というようにフィオとポルコの愛の力を理由にするのでは、やはり考察に不足があります。愛の力で人間に戻るのだったら、フィオの愛が明確に示される前の秘密基地のシーンは何だったんだと。

「昔の思い出に浸っていたから」という考察も聞いたことがありますが、秘密基地の準備シーンのポルコは、まだ昔の思い出には浸っていません。ポルコが思い出に浸ったのは、この後フィオに昔話を頼まれてからです。そして話を始めた後では、やっぱり人間に戻りません。

人間に戻った理由は、ポルコが普段死に場所を探していることを踏まえるとすっきりします。「まっとうには生きられない」と自らを「豚」にして戒めているポルコが、思いがけず「生きたい！」と人間の欲望に忠実になってしまった瞬間、豚から人間に戻っているのです。

命がけの無茶な稼業をしている普段は豚。しかし、カーチスとの戦いを前に、周到に用意している自分がいる。ポルコはつい、「死にたくない」と思ってしまったんです。弾丸を運ぶシーンで人間に戻るのは象徴的です。自分の生のために、相手の命を奪ってもいいと、そう思ってしまった瞬間、ポルコは人間に戻るのです。

そもそもなぜ豚なのか

そもそもポルコが豚になった理由は、生と死の欲望に結びつける以外にも、様々な解釈が可能です。そのどれもが正解で、複数の理由や意味が重なっているのでしょう。

一番簡単なのは、紅の豚＝赤い豚野郎＝共産主義者という図式で、『紅の豚』のタイトルの由来として宮崎駿本人もパンフレットで語っています。ポルコ本人は共産主義者ではないですが、資本主義社会でかつて「赤狩り」が行われたように、国家の敵として描かれています。社会のアウトサイダーとしての「赤い豚」というわけです。

ただ、この説明だと、赤い理由は説明がつくとして、豚である理由が弱いです。主人公がたまたま豚で、映画の見栄えを意識して海と空の青に映える赤い飛行機を出した。その後付けのようにも思えます。

本章冒頭でも言ったとおり、『紅の豚』は明らかに宮崎駿の私小説です。飛行機好きとしての自分、中年としての自分、アニメ業界のアウトサイダーとしての自分を表現しています。ポルコはつまり宮崎駿のことですから、なぜ彼は自分自身を豚として描いたのかを考えるべきです。

そもそもポルコが豚であることを気にしているのは、実は劇中では女性だけです。男性はまったく気にしていません。「どうしてお前は豚なんだ?」と聞く人は誰もいないのです。女性のなかでも、気にするそぶりを見せているのは、ジーナとフィオと、フィオの姉ジリオラくらいです。酒場にいるような商売女は気にしていません。

結論を言ってしまえば、自らを投影したポルコを豚にしたのは、宮崎駿のコンプレックスからです。

あとの『風立ちぬ』も宮崎駿の私小説的な匂いが強いですが、その主人公・堀越二郎も漫画版では豚として描かれています。『紅の豚』と同じく、宮崎駿自身をあらわしていると考えましょう。

映画版『風立ちぬ』を見るだけで、どうやら二郎は眼鏡をコンプレックスに感じていることがわかります。「眼鏡なしで何もできない」という夢のなかのシーンや「屋根に上って遠くの星を見るように視力を鍛える」といったシーンがあります。二郎同様に子どものころから目の弱かった宮崎駿は、牛乳瓶の底のような眼鏡姿に、劣等感を抱いていたのでしょう。

もしかしたら顔そのものにもコンプレックスがあったのかもしれません。いやおそらくあったのでしょう。「ブサイクだから恋愛がうまくいかない」と思いたくないから、あえて醜い豚の仮面をして、「外見が豚の俺は、はなから人間となんて恋愛できない」と、自分を安心させているわけです。

話が少し脱線しますが、意地悪く見ると、宮崎駿自身はモテなかったからこそ、願望としてモテモテのポルコを描いたのかもしれません。まったく、「疲れて脳細胞が豆腐になった中年男」のためにもほどがありますね。

さて、豚の顔についての解説に戻りますが、同性や店の女性たちが顔を気にしていないのは、彼らはそもそも男の顔に興味がないからです。

最後に、ここまでの話をまとめると、豚の顔の理由は、①国家の敵であり、②女性に奥手で、③恋愛も含めて人間としての人生を捨てているからと3段階の解釈ができそうです。

宮崎駿の真意はどれでしょうか？　それともほかにあるのでしょうか？

鈴木敏夫が本人に聞いた結果を、『天才の思考』から確認してみましょう。

「そもそもなんでこいつ豚なんですか？」

そしたら、宮さん怒りましたねえ。

「だいたい日本映画ってくだらないんだよ。すぐに原因と結果を明らかにしようとする。結果だけでいいじゃないか！」

※20

怒って教えてくれないのは、コンプレックスの投影がバレたと思ったからなのか、あるいは本当に何も理由を考えていないのか。確かに私小説であることは往々にして作者自身が無自覚だったり、本人はバレていないと思っていることが多いのですが……。

『紅の豚』を宮崎駿の私小説として見ないほうが難しいと思うのですが、皆さんはいかがでしょうか？

20 鈴木敏夫『天才の思考』文春新書

第6章

始まりは、1954年

1997年

『もののけ姫』

中世日本。呪われたエミシの少年アシタカは西方へ旅立つ。正体不明のジコ坊、製鉄集団タタラ場の民と、山犬に育てられた少女サン……行く先で出会う新たな人々。やがてアシタカはいくつもの勢力や人間と神々が争う混沌とした決戦に巻き込まれる。生死をつかさどるシシ神の殺害、暴走、奇跡。自然は蘇り、人々は和解し、それぞれの帰る場所へと戻っていく。

単純な『七人の侍』と複雑な『もののけ姫』

『ラピュタ』の章では、宮崎駿が抱えるSF作品への敵対意識を説明しましたが、なぜそこまで憎むかというと、自分が尊敬する対象だからこそです。『デューン』に憧れ、手塚治虫に憧れ、SF作品に親しんでいるからこそ、その否定をしたくなる。

一流のクリエイターは、自分が好きなもの、尊敬しているものを、ただ好きなだけ、尊敬するだけでは終わらせないのです。むしろ自分に影響を与えた作品を否定し、乗り越えていくのです。

宮崎駿は『もののけ姫』で従来の作風から一転。ファンタジーを描くのに、架空の西洋世界ではなく、日本を舞台に選びました。その真意には、時代劇への否定があります。自分が慣れ親しんできた邦画の否定と言ってもいいかもしれません。

1997年の『もののけ姫』公開からさかのぼること4年前、1993年に、宮崎駿は言わずと知れた日本映画界の巨匠、黒澤明と対談しました。日本テレビの番組企画で行われた対談は、『何が映画か』という書籍にもまとまっています。

当時の番組映像やこの本を確認すればわかるのですが、さすがの宮崎駿も世界のクロサワには緊張したらしく、かなり恐縮して礼儀正しく対談に臨んでいることがわかります。黒澤作品を褒め、黒澤明からの評価を甘んじて受け入れているのですが、どうやら本音で語ってないということがよくわかるのです。

では本音はどこにあるのか。それは、対談を終えた宮崎駿への単独インタビューに顕著にあらわれています。

そのなかでもっとも重要と思われる発言を引用します。

黒澤監督は『七人の侍』を作ったことによって、日本の映画界に一つの基準線を作ったと僕は思っています。もちろん『七人の侍』は歴史観や、そのときの経済情勢や政治情勢や人々の気持ちや、そういうもののなかで、まさにあの時代が生んだ作品でもある。黒澤監督をはじめとするスタッフの力量であると同時に、時代が生んだものです。あの映像のなかにある侍像や、百姓像や戦いの描き方そのものが一つの時代を作っている。そして、それは呪縛のように——まさに呪縛です——その後、多くの人間たちが映画を作るときに縛ってきた。べつに、悪いとかいいとかということじゃなく、それだけの力がある作品なんです。

でも、今、自分たちが時代劇を作るとしたら、それを超えなきゃいけないんです。※21

この発言を解説していきます。

『七人の侍』の公開は、1954年。戦争が終わってまだ10年も経っていない頃です。そんな戦後すぐの日本では、まずとにかく食糧が問題となります。

配給制のなかで手に入る食べ物だけでは餓死してしまう。闇市でものを買うけれど、それも限りがある。しょうがないから、電車に乗って、田舎の農家に行って、農家の方にお金を渡したり、ものを渡したりして、ようやっと食べ物をもらう。そうやってどうにかこうにか暮らしていた人がかなりいたのが戦後という時代です。

そんな生活ですから、当時の日本人の気持ちを想像するに、「農民には敵わない」という実感があったのではないでしょうか。農家の方に、たとえば高級時計なり何なりの手持ちの財産を渡して、やっと米を一俵もらえる。そんな時代が『七人の侍』が公開される少し前まで普通にあったわけです。

『七人の侍』がどういう物語かというと、米を狙って野武士が農村を襲っていた。困った

21 黒澤明・宮崎駿『何が映画か』徳間書店

農民たちは防衛のために、別の武士を米で雇うことに。ついに野武士を撃退して、最後には「勝ったのはあの百姓たちだ」という武士のセリフで終わる、という流れです。

この物語は、太平洋戦争に負けて、やっとの思いで引き揚げてきた召集兵たちが、帰ってきたら帰ってきたで、農家の人たちに頭を下げて生きていくしかない。そんな時代背景にリンクしているのです。軍人よりも農家が、戦闘員よりも生産者が偉くなった時代の空気を反映していたのです。

『七人の侍』というのは、いわゆる「時代によって売れた作品」であって、唯一絶対の教科書として崇め奉るべき永遠の名作ではない。宮崎駿はそう主張しているわけです。なぜなら現代では、強い農家というのも、戦う侍というのも、リアリティがない。農業や戦争、食糧難の記憶はすでに薄れています。『七人の侍』といった名作が残してしまった時代劇の方程式をかたくなに守るなんて、時代を見ないバカのすることだというわけです。

対談の後に作られた『もののけ姫』は、明らかに『七人の侍』といった往年の時代劇へのアンサーとして作られています。農民と侍はできるだけ出さずに、タタラ場も牛飼いもジコ坊もハンセン病患者もアシタカたちエミシの民も、みなこれまでの時代が描いてこなかったアウトサイダーです。

社会の混沌のなかで、生きる道を見つけるのが難しい現代。何が良くて、何が悪くて、何が強くて、何が弱いのかもわからない。『七人の侍』から40年、時代に合わせてアップデートされた時代劇として、『もののけ姫』は作られています。

黒澤明との対談で『もののけ姫』に至る時代劇哲学を匂わせた宮崎駿は、『もののけ姫』制作にあたって用意した企画書のなかでも、しっかりとその狙いを宣言しています。

> この作品には、時代劇に通常登場する武士、領主、農民はほとんど顔を出さない。姿を見せても脇の脇である。
> (中略)
> これらの設定の目的は、従来の時代劇の常識、先入観、偏見にしばられず、より自由な人物群を形象するためである。
> (中略)
> 二十一世紀の混沌の時代にむかって、この作品をつくる意味はそこにある。※22

黒澤明との対談という刺激がなかったら、今僕らが楽しんでいる『もののけ姫』は生ま

22 宮崎駿『出発点』徳間書店

れていなかったのではないでしょうか。

百姓を守るのではなく襲う侍

『もののけ姫』には『七人の侍』批判があからさまなシーンがあります。

物語の序盤のシーンがそれです。故郷を追われたアシタカは、ある村が襲われているところを目にします。田畑のなかで、ほとんど百姓たちと同じような汚い恰好をした雑兵たちに百姓が襲われています。このシーンを序盤に置く時点で、もう宮崎駿は『七人の侍』を踏まえた作品だと教えてくれているようなものなんですけども。

ここで黒澤明の『七人の侍』であれば、悪い盗賊を退治するために良い侍が登場するわけですが、『もののけ姫』ではそうなりません。

雑兵を見とがめたアシタカが弓を射ると、「逃がさぬぞ、見参！」と叫んで登場するのが、なんと本格的な鎧に身を固め、馬に乗った侍です。

侍は百姓を悪から救う存在ではなくて、村を襲う悪と一緒になって百姓を殺す存在として描かれています。野武士のようには見えないきれいな侍も、『七人の侍』の村を襲う野武士にまで立場を落とされているのですね。

侍が味方につく位置が完全に反対です。『七人の侍』をひっくり返したシーンです。

タタラ場は『七人の侍』の農村ではなく『ガンダム』のジオン公国

つまり『もののけ姫』の世界は、百姓が侍にすら守ってもらえない厳しい世界です。

では、どう生きていけばよいのか。その答えがタタラ場です。

タタラ場というのは同じ庶民の共同体でも、『七人の侍』に出てくる村とは違った存在です。タタラ場も『七人の侍』の農村と同じく、アサノ公方配下の侍たちや、ジコ坊たち師匠連といった、外部勢力からの圧力を受けている共同体です。もし『七人の侍』の世界観であれば、タタラ場はタタラ場で別の侍を雇うことになるはずですが、『もののけ姫』の世界では違います。

タタラ場は独自に武力を有しています。侍に守ってもらったり、侍の指導を受けたりということはありません。

その意味で、タタラ場はもはや村落ではなく、もはや独立国家と言ったほうが正しいです。秘密兵器の石火矢《いしびや》を量産してそれにより武装するだけでなく、製鉄技術や武器商売によって外部との権力バランスを保ち、自らの主権を守るということをやっています。

モビルスーツ、モビルアーマーといった新兵器の力によって独立を果たそうとした、『ガンダム』世界のジオン公国になぞらえてもよいかもしれません。自分たちの命を守るために外注した『七人の侍』の農村とは違い、一歩進んで外部からの独立を目的にしているのですね。『もののけ姫』に出てくる力関係、政治関係は、時代劇のわかりやすい勧善懲悪とは一線を画しています。

宮崎駿は『もののけ姫』を作るにあたって制作当時の最新の歴史研究を学んでいます。天皇や武家の支配が画一的ではなく、日本はまだ日本という一国ではなく、大小の国が乱立していたという正しい歴史認識をアニメで表現しているのです。

ゴジラとディダラボッチ

さて、『七人の侍』公開当時の宮崎駿は10代。多感な時期に楽しんだ作品です。忘れられない深いリスペクトがあるからこそ、意識的にも無意識的にも自分の作品の下書きにしてしまうのでしょう。

実は『七人の侍』が公開された1954年には、もう1つ、映画史に残る重大な日本映画が公開されています。

それが『ゴジラ』です。

これも『七人の侍』同様、いやそれ以上に戦争の記憶を反映した映画です。誰もが知るように、ゴジラは原爆のメタファーとして描かれました。そして『七人の侍』が時代劇の方程式を生んだように、『ゴジラ』は怪獣特撮というこれまた日本独自の映画ジャンルまで生み出すことになりました。

『もののけ姫』と『ゴジラ』、どちらも知っている皆さんなら、僕が言いたいことはもうわかりますよね？

そう、ディダラボッチは、宮崎駿によるゴジラなのです。

ゴジラという怪獣は、そもそもなぜ東京を襲うのでしょうか？　もっともらしい理由はまったくありません。意味もなく土地を襲うのは、ゴジラが天災、つまり神として描かれているからです。ゴジラは民衆に恐れられる存在として、太古からの伝承にも残っていたという設定です。

シシ神やタタリ神、ディダラボッチと同じです。何の理由もなくどこかに降りかかる神の仕業だからこそ、ゴジラは恐ろしいのです。文明の標準的な技術では歯が立たず、本来人間ができることは「敬してお祓いをする」だけなのです。

『もののけ姫』でも『ゴジラ』も本来は文明に負けないはずの自然を殺す、最新の超兵器が登場します。石火矢とオキシジェン・デストロイヤーがそれです。どちらも「神殺し」の武器です。これらの存在は、人間が神を殺す、つまり自然が科学に倒される時代を象徴しています。『もののけ姫』と『ゴジラ』は神と文明との戦いという点で同じ物語構造となっているのです。

『もののけ姫』で登場する神々のなかでも特に、ディダラボッチはゴジラに寄せて設定されています。背中のトゲ、核反応を思わせる青い光、シシ神が口からもたらす死……。エボシ御前に石火矢を放たれたのを機にシシ神から巨大なディダラボッチへと姿を変えたのも、原爆によって眠りから覚めたゴジラと同じ図式です。最後に暴走して体を消滅させたのも、オキシジェン・デストロイヤーによって一気に白骨化したゴジラの姿に重なります。

また、ディダラボッチが体を崩壊させて青い光を拡散させるクライマックスは、その描かれ方からしても核爆発として読み解くことが可能です。

おもしろいのは、核爆発として描かれているはずのディダラボッチの死によって、はげ山に緑が宿るという因果関係です。アシタカの最後のセリフにあるとおり、シシ神＝ディダラボッチは生でもあり、そして同時に死でもあるのです。シシ神つまり自然には人間を生かすことも殺すこともできるということなのか、ディダラボッチつまり文明の暴走は人間を発展させることも殺すこともあるということなのか……。

『七人の侍』を壊して発展させ、複雑な『もののけ姫』社会を作り上げたように、『ゴジラ』を平成の時代に再解釈することで、宮崎駿は自身が抱える答えの出ない問い、「自然と文明の正しいバランスとは？」に立ち向かって行ったのではないでしょうか。

監督たちの戦い

ちなみに、爆発によって破壊と創造が行われるという『もののけ姫』のラストは、大友克洋によるSF漫画であり映画化もされた『AKIRA』と類似しています。

追いつかない作業を、ジブリのスタッフたちが助けたことでも知られる、1988年の映画版『AKIRA』は、そのクオリティや独自の世界観もあって、今も語り継がれる伝説の作品です。ジブリアニメとともに、海外でのジャパニメーションの評価を上げた作品でもあります。

SFには目がない宮崎駿は、さらにジブリとの関係性もあったとなると、『AKIRA』をきっと観たに違いありません。対抗して、より描くのが難しく、さらに美しい爆発シーンとして、有機的なディダラボッチの崩壊シーンを設定したのではないでしょうか。

宮崎駿のリスペクトと反発の精神は、幼い頃の憧れの対象だけではなく、同時代の天才たちにも向けられているのです。

その意識は、『何が映画か』でもまさに語られています。

◆——黒澤監督が、「宮崎さんの作品は、『紅の豚』以外は全部見ている。特に、ネコバスは素敵だ」とおっしゃっていたことについては?
宮崎　いや、僕はストレートにそのままの意味では受け取りませんでした。というのは、監督というのは全面的に他人の仕事を評価することは殆どないからです。監督という人間たちは他人のシャシン（映画）の悪口をいえば、いくら時間があっても終わらない——というくらいなもんです。ですから、他人のフィルムについてどう思うかと聞かれたときに、直接拮抗していない人間については、いろいろいえると思いますが、同時代に生きている人間については、いえないと思うんです。※23

同時代に生きている人間には、何も言えない。ではどうするか。作品を通じて批判し、作品を通じて乗り越えるのです。宮崎駿は、『ナウシカ』で、『ラピュタ』で、『トトロ』で、そして『もののけ姫』でも、いつも仮想敵を据えて作品を作ってきたのです。

黒澤明と同様に、宮崎駿が避けられない影響を感じつつも反発していた巨匠のひとりに手塚治虫がいますが、『もののけ姫』からはその影響も感じられます。

手塚治虫の『火の鳥』で描かれた縄文人と弥生人の争いや、舶来の仏教と日本古来の神々の戦い、あるいは生命の象徴である火の鳥⇔シシ神を追い求める人間の姿など、『火の鳥』で描かれた主題のいくつかは『もののけ姫』に受け継がれているのです。

23 黒澤明・宮崎駿『何が映画か』徳間書店

『ナウシカ』と『もののけ姫』の酷似する冒頭

では、宮崎駿が『もののけ姫』で最も倒したかった仮想敵は何かというと、『七人の侍』でも『ゴジラ』でも『火の鳥』でもなく、『AKIRA』でもなければ、同時期の公開で師弟対決と目された『新世紀エヴァンゲリオン劇場版』でもなく、一番は過去の自分自身だったのではないでしょうか。

『ナウシカ』と『もののけ姫』には、いくつもの類似点があります。

たとえば、冒頭のシーンです。

本書の第1章でも引用しましたが、『ナウシカ』はまず風景をバックに「巨大産業文明が～」という、それまでの歴史を語るテロップが出てきます。

それに対して『もののけ姫』も、いきなり霧深い海が映されたかと思ったら「むかし、この国は深い森におおわれ、そこには太古からの神々がすんでいた。」のテロップが出てきます。

語られていることも、似ています。人間と自然のバランスと、その秩序の崩壊を語っています。つまり、テロップの見せ方も、内容も同じです。

ちなみに、宮崎駿のアニメ作品のなかで、こういった風景の上に歴史を説明するテロップが出てきて始まるのは、この2作品だけです。ほかの作品では、こんなことはやっていません。つまり、この2作品はわざわざわかりやすく似せて作られているのです。

さて、両作品とも、テロップで説明された「森に囲まれた世界」で事件が起こるところから始まります。『ナウシカ』では、森から急に王蟲が出てきます。対して『もののけ姫』では、森から急にタタリ神が出てきます。それも、まったく同じ真正面の構図で。テロップしかり、この構図しかり、偶然似てしまったというより、同じことを反復しようという明確な狙いがあったのではと思われます。

ほかにもストーリーの中盤では、『ナウシカ』の場合、父である族長ジルを殺されたナウシカが、思わずトルメキア兵と戦いを始めず、相手を殺しまくります。そこへ勇者ユパが止めに入るというシーンです。

『もののけ姫』でも同じように、サンとエボシ御前が本気の殺し合いを始めたとき、ユパと同じく部外者でありさすらいの勇者であるアシタカが止めに入ります。

さらにストーリーのラストでは、「暴走するモンスター」が描かれます。『ナウシカ』では腐海から王蟲の大群がやってくるのに対して、『もののけ姫』では森の奥からイノシシの群れがやってくるというように。

自然とわかりあえる少女としてのサンとナウシカ。物語の途中で片腕を失うことになるエボシ御前は、片腕が義手のクシャナ。どちらも外から来た勇者であるアシタカとユパ。人間を襲う自然の象徴としての、タタリ神と王蟲。巨大な怪物、ディダラボッチと巨神兵。『ナウシカ』の登場キャラの多くはそのまま『もののけ姫』のキャラに当てはめることができます。

ストーリー展開も同じです。自然と人間が緊張関係にある世界。自然と共存する人もいるなか、ついに自然を倒そうとする集団があらわれる。反撃とばかりに、自然からも人間の手に負えない怪物が繰り出される。もうダメかというところで主人公が祈りを捧げると、自然が許してくれる。クシャナやエボシ御前のように自然と対立していたはずのリーダーも話の通じるヤツになって、おしまい。ほぼ完全に一致しているのです。

タイトルバックの土面の正体

多くが一致しているなかで少ない違いがあれば、それこそが作者の狙いです。宮崎駿は

『ナウシカ』を反復しつつ変更することで、何をしたかったのでしょうか。

まず主人公の位置が違います。

実は『もののけ姫』の主人公はサン＝ナウシカではなく、アシタカ＝ユパです。それをあらわすように、もともと予定していたタイトルは『アシタカせっ記』でした（「せっ記」は宮崎駿の造語で、伝説といった意味合いです）。『もののけ姫』をタイトルに持ってきたのは、わかりやすい宣伝を狙った鈴木敏夫の裏工作です。

主人公がアシタカであることをあらわす演出としては、タイトルバックが挙げられます。『ナウシカ』冒頭で、タイトルが表示される後ろに映っているのがナウシカの伝説を描いたタペストリーになっているように、『もののけ姫』でもタイトルバックがアシタカの伝説をあらわしています。

『もののけ姫』のタイトルバックの絵は、「ひとつ眼の怪物に角が何本も生えた頭がついている」という図を、縄文風の文様であらわした土面に見えます。『ナウシカ』のタイトルバックがナウシカ伝説を描いた絵であったと同様に、この土面はアシタカ伝説をあらわしているのではないでしょうか。

この点は少々解説が必要なので説明しましょう。

まず、アシタカの属するエミシの一族は、縄文人の末裔だと思われます。部屋のなかには縄文土器が見えますし、一族の長老であるヒイ様が向かって座っているご神体が石であるように、稲作文化と仏教的世界観をもとに栄えた弥生人とはまったく別の、それよりも原始的な生活・信仰スタイルがうかがえます。タイトルバックの縄文風の土面で伝説を描いたのは、おそらくエミシの一族でしょう。

また、ひとつ眼は、製鉄と深く関わりがあります。ひとつ眼は、『遠野物語』で有名な民俗学者の柳田国男が山の神との関連を指摘したように、古くから山にあらわれる妖怪です。さらに一説によれば、熱い炉を片目で見続けて作業する製鉄業の人間が片目を失明した姿との関連も指摘されています。タタラ場で働く人は山の人間ですし、説得力のある説です。ひとつ眼＝タタラ場という図式が成り立ちます。

最後に、角が何本も生えているというのは、そのままシシ神をあらわしているというのが自然な解釈でしょう。

これらの点を総合すると、土面は、あとの世代が描いたアシタカ伝説というのが僕の答えです。アシタカは、縄文人であり、シシ神の首を抱き、『もののけ姫』の物語のあとはタタラ場に住みました。土面の絵は、アシタカのことでしょう。

『ナウシカ』でタイトルバックのあと、まずナウシカが登場したように、『もののけ姫』のタイトルバック直後のシーンは、森でヤックルを駆るアシタカです。

物語はアシタカの視点で進みます。『もののけ姫』のタイトルがわかりにくくしていますが、主人公は明らかにアシタカです。

『ナウシカ』を超えるリアリティレベル

つまり、『ナウシカ』と『もののけ姫』の最大の違いは、ナウシカつまりサンではなく、ユパつまりアシタカを主人公にしたことにあります。

『ナウシカ』が完全なるハイ・ファンタジーだったのに対し、『もののけ姫』はファンタジー要素も多くあるものの日本の歴史をもとにしています。宮崎駿が得意なファンタジー描写を、あえて控えめにしているのです。

同じように主人公も、本人の十八番である活発な少女にはせず、その女性となんとか心を通わせようとしている男の方へとずらしています。

あえて得意技を封印することで、『もののけ姫』は『ナウシカ』よりもリアリティが感じられる作品になっています。また、モロやジコ坊といった、『ナウシカ』の類型には当てはめられない第三勢力も多数登場することで、『ナウシカ』よりも作品から感じられる哲学にも深みが増しています。集大成とよく言われるのもうなずける出来です。僕としては、宮崎駿ならではの飛行シーンが見られないのが残念ではありますが……。

ともあれ『もののけ姫』は、『ナウシカ』のリベンジとしてよくできた作品に見えます。ですが、そもそも、宮崎駿はなんで『ナウシカ』のリベンジに挑んだのでしょうか？

風の谷からタタラ場へ、13年の道のり

『ナウシカ』は『魔女の宅急便』が大ヒットするまで宮崎駿の唯一と言ってもいいヒット作で、環境問題をテーマにして評価も高く、今に至るまで宮崎駿の代表作です。成功作と言ってもいいでしょう。

その『ナウシカ』に批判を加えたのが、ほかならぬ高畑勲です。公開当時のムック本『ロマンアルバム 風の谷のナウシカ』で確認できるインタビューから、彼の言葉を紹介します。

「ええ、プロデューサーとしては万々歳なんです。ただ、宮さんの友人としてのぼく自身の評価は、30点なんです

（中略）

プロデューサーをひきうけ、製作発表のときに文章にしたように、ぼくとしては『巨大産業文明崩壊後1000年という未来から現代を照らし返してもらいたい』と思っていたんですが、映画はかならずしもそういうふうになったとはいえないのではないか。（中略）『現代を照らし返してほしい』という部分がもうすこし強くでる構成にならなかったかと、残念なんですが」※24

師匠であり友人でありライバルでもある高畑勲のこの言葉をバネに、宮崎駿は映画版『ナウシカ』公開から苦節10年をかけて漫画版『ナウシカ』を完成させました。悔しかったに違いありません。漫画版『ナウシカ』は、映画版の明快なラストとは異なり、登場する勢力は多数。文明批判なのか自然批判なのか、善悪も価値観も渾然一体となった複雑な物語を展開させました。

そして、その混沌こそが現代です。冒険ファンタジーや勧善懲悪に逃げずに『ナウシカ』

24 徳木吉春ほか編『ロマンアルバム 風の谷のナウシカ』徳間書店

でしょうか。

を完成させることで、宮崎駿は高畑勲に『ナウシカ』を認めてもらいたかったのではない

黒澤明との対談が1993年、漫画版『ナウシカ』の完結が1994年。『もののけ姫』のきっかけには、このふたつの背景があると思われます。高畑勲に別時代を通じて現代を描くことができなかったと指摘された宮崎駿は、今度は未来ではなく過去を舞台に、現代を描くことに。そしてそこで表現されたのは、漫画版『ナウシカ』で手にした、現代の情勢にふさわしい、正義と悪と、反自然と半文明が一体になった哲学でした。

その決意と成長を示すために用意されたのが、『ナウシカ』との類似性と相違点です。

――「風の谷のナウシカ」から13年。

『もののけ姫』の宣伝コピーの1つにあったこの言葉。短いこの言葉に込められたメッセージは半端ではないのです。

第7章

スタジオジブリと銀河鉄道

2001年

『千と千尋の神隠し』

神様やお化けたちが疲れた体を癒やしにやってくる温泉町に、千尋とその両親が迷い込む。人間を拒絶するこの町で彼女は自分の名前を奪われ、新たに「千」という名を与えられ、巨大な湯屋の下働きとして働くことになる。傷ついたハクという青年を助けるため、そして豚にされた両親を助けるため、臆病だった千尋は不思議な体験を通して成長していく。

わからないけれどおもしろいのはなぜか

『魔女の宅急便』『紅の豚』『もののけ姫』と、連続でヒット作を生み出し続けてきた宮崎駿。その後、2001年にジブリ史上最大のヒット作を生み出します。それが、『千と千尋の神隠し』です。

興行収入は、近年にリバイバル上映された収入も加算すると316億8000万円。この興行収入は2020年に『劇場版「鬼滅の刃」無限列車編』が公開されるまで、日本における歴代興行収入ランキング1位に20年近く君臨し続けた歴史的大ヒット作でした。

そんなジブリ史上最大の人気作である『千と千尋』ですが、『紅の豚』と同様に、宮崎駿の私小説的な要素が詰まっている作品です。あとで解説しますが、この作品で宮崎駿は、やりたかったことを実現させ、自身を取り巻く環境を丸ごと作品に込めています。宮崎駿による、宮崎駿のための、宮崎駿の映画と言っても過言ではないでしょう。

正直、僕はあまり『千と千尋』はジブリ作品のなかでも好きなほうではありません。宮崎駿は、脚本家ではなく、あくまで監督。物語構造の破綻に寛容な僕ですが、それでも『千と千尋』は謎や矛盾が多く目につきます。

ですが、ジブリが2016年に『レッドタートル ある島の物語』のキャンペーンで行った人気投票、スタジオジブリ総選挙では最多得票となっています。やはり、興行収入300億超は伊達《だて》ではなく、今も広く人気があるようです。

よくよく考えてみれば、僕としても『千と千尋』は、「好みじゃないけどおもしろい」と言ったほうが正確かもしれません。宮崎駿のやりたかったこと、実現したかったことが散文的に盛り込まれていて、全体的に謎を多く含んだ『千と千尋』。複雑な要素があるからこそ、深みが生まれているとも言えますし、分析や考察のしがいのある作品となっていることには間違いないです。

では、宮崎駿は『千と千尋』で何を描こうとしたのか。その結果、どんな謎が生まれているのか。解き明かしていこうと思います。

油屋＝ピッコロ社＝スタジオジブリ

まず、『千と千尋』に触れるうえで、批評家のなかではもはや通説になっている、公開当初から噂されている有名な俗説について触れておきましょう。

それは「湯婆婆の経営する油屋は、女子が風呂場で接待をしている。これは風俗店をあらわしているのだ」という説です。

私はこの通説については、まずないだろうと考えています。宮崎駿本人はまったく違うことを言っているのです。

公開前に発売されたムック本『千と千尋の神隠し 千尋の大冒険』から、宮崎駿のインタビューを引用してみます。

スタッフに説明したのは、君が10歳そこそこの、…いや、高校出たてくらいの、17、18歳の時に、ジブリに突然就職しなきゃいけない羽目になるとする。で、ジブリというのは、僕は「狭いスタジオだな」って言ってるんだけど、中は映画の湯屋のように複雑になってますし、鈴木敏夫プロデューサーはでかい声出しますし、そういう僕も「何甘い夢見てんだよ」ってでかい声出す。そういう所ですね。そこで働かないことにはどうしようもない立場の子が現れたら、どういう目に遭うんだろうとリアルに考えてみた時に、この物語が出来てきたんです。※25

25 才谷遼編『千と千尋の神隠し 千尋の大冒険』ふゅーじょんぷろだくと

この発言、非常に興味深いですよね。つまり、宮崎駿は風俗ではなく、スタジオジブリという会社そのものを舞台として物語を描きたい。そう考えるうち、生まれた設定が「油屋」であると明言しているわけなのです。

たしかに、油屋がジブリであるとすると、油屋で女の人ばかりが働いているという点も納得がいきます。というのも、アニメの制作現場では昔から女性が多く働いており、ジブリも例外ではありません。

『紅の豚』と『千と千尋』が私小説的に近しい関係にあると位置づけられる理由もそこにあります。『紅の豚』でもピッコロ社において、ポルコの飛行艇を女性たちで手がける印象的なシーンがありますが、実はそれも当時のジブリのものづくりの現場を反映していました。

『天才の思考』で鈴木敏夫が『紅の豚』を振り返る際、こう語っています。

> ポルコが飛行艇を直すピッコロ社の作業員はフィオをはじめみんな女性だったじゃないですか。あのシーンは自分たちがスタジオでやっていることの投影だったんですよ。※26

26 鈴木敏夫『天才の思考』文春新書

『紅の豚』のワンシーンで使った身内ネタ的な演出を、今度は映画全体でやってみよう。それが『千と千尋』の出発点だったのではないでしょうか。

油屋に神様が来店し、女性スタッフにより疲れを払う、という描写が風俗的だと見られた通説ですが、本当は、「疲れた日常生活のなかで、興奮や感動を求めた観客たちがジブリ映画を観に来る」様子を描いたメタ演出だったのだと捉えていきましょう。

湯婆婆のモデルとなった鈴木敏夫

ここまで見ていけばもうおわかりのとおり、油屋を経営する湯婆婆は、「でかい声」を出すプロデューサーです。宮崎駿のインタビュー集『風の帰る場所』で、こう語られています。

> 湯婆婆には、湯婆婆のストーリーというか、大人の生活があるはずですから。プロデューサーはね、夜な夜ななにをやってるか知りませんけども、なんか出掛けていくしね。なんか難しい作業をしていたらしくて、グッタリ疲れて帰ってくる

し（笑）※27

さて、宮崎駿が、湯婆婆で描きたかったプロデューサー像というのはどういうものだったのでしょうか。インタビューで匂わされているような、忙しい鈴木敏夫への同情だけではないでしょう。

当時、拝金主義になりつつある鈴木敏夫への批判的意識もあったのではないだろうかと僕は考えています。

というのも『千と千尋』の制作に取りかかっていた1999年に、高畑勲が監督した『ホーホケキョ　となりの山田くん』が公開されますが、スタジオジブリとしては久しぶりに興行的に大失敗していました。

それにより、ジブリの経営状態は悪化。当然、プロデューサーの鈴木敏夫は「次はとにかくヒットさせなければ！」と躍起になり、次回作の企画を考えていた宮崎駿にも大きな影響を与えていたはずです。『もののけ姫』の大成功があった手前、失敗するわけにもいきません。

しかし、宮崎駿は金儲けや興行的成功に一切の興味を持たない人間です。そんな宮崎駿

27 宮崎駿『風の帰る場所』文春ジブリ文庫

からすれば、商業的観点を重視する鈴木敏夫が、だんだんと悪役のように見えてきたというのは自然な流れでしょう。

つまり、宮崎駿が伝えたかったのはこういうことではないでしょうか。

「お客様は神様であって、そんな神様の機嫌を取るようなおもしろいアニメを、湯婆婆の指示に従いひたすら作り続ける。それが俺たちの仕事だ！　地道な作業のなかには、千尋が名前を奪われたようにクレジットにも残らない仕事もあるかもしれない。まさに俺たちの仕事は、この油屋そのものじゃないか！」と。

プロデューサーの拝金主義。従業員に見せるリーダーとしての顔とは別に、どこかへ出かけていく外向きの顔。おもしろいのは、これらの事実に呼応するように、もうひとりの湯婆婆ともいえる銭婆が登場することです。銭婆がなぜ「銭」の名を持つのか。実はプロデューサーの拝金主義を示しているというオチなのではないでしょうか。

『銀河鉄道の夜』と『千と千尋』

プロデューサーに作らされていると言いながらも、宮崎駿の自由な演出は「油屋＝スタジオジブリ」にとどまりません。物語が前半、油屋の物語だったのに後半、なぜかいきなり電車旅が始まります。

宮崎駿はまた別のインタビュー（『ジブリの森とポニョの海』）では、次のように語っています。

千が電車に乗るシーンがあるでしょ。なぜ、電車に乗せたかったかというと、電車の中で寝ちゃうシーンを入れたかったんです。（中略）それは『銀河鉄道の夜』の僕のイメージなんですよ。それを、入れたくて、入れたくて、入れたくて、たまらないいんですけど、ストーリーボードを描いていくと、どうしても入らない。（中略）結局、いちばんやりたかったシーンを外したんです。その映像を入れたいためにつくりあげたシーンだったのに、結局、やりたいことが入らない。※28

この記載のとおり、海原電鉄でのシーンで『銀河鉄道の夜』を意識していたことは間違いないと思っています。ただ、『銀河鉄道の夜』を参照してまでやりたかった車内での描写が、出来上がった映画にはありません。宮崎駿が語ったように、映画全体のなかにうま

28 志田英邦ほか『ジブリの森とポニョの海』角川書店

く当てはまらなかったのでしょう。でも、電車のシークエンスは残したから、脈絡が感じられなくなってしまったのです。宮崎駿、真面目なんだか自由なんだか……。

しかし実は、宮崎駿の脳内では最初から『銀河鉄道の夜』があったのではと思わされるほどの構造上の共通点が、『銀河鉄道の夜』と『千と千尋』にはあります。

『銀河鉄道の夜』の物語自体もそもそも難解ですが、僕なりにまとめてみました。

漁から戻らない父のことでクラスメイトにからかわれ、貧しく孤独な少年ジョバンニ。彼は昼夜仕事をしているせいで、勉強や遊びにも身が入らず、幽霊のようにぼーっと過ごしていた。そんなある時、星祭りの夜に、親友のカムパネルラと共に銀河鉄道に乗って旅をする。そこで様々な人たちと出会って生きる意味を発見していく。やがてカムパネルラは消え、ジョバンニは目覚める。そしてジョバンニはカムパネルラが自分の命を犠牲にしてクラスメイトのザネリを救ったことを知り、同時にまもなく父親が帰るという知らせに勇気づけられる。

おおまかに『銀河鉄道の夜』はこういったストーリーですが、『千と千尋』と非常に似ています。『千と千尋』では、冒頭のシーンで千尋はぼーっとして欲望や活力の無い状態から、不思議な世界に迷い込み、ハクを助けるために行動的になって勇敢な人間へと成長していきます。

宮崎駿が狙ってか狙わずか、一見ではわかりづらいものの、結果的に『千と千尋』に『銀河鉄道の夜』を組み込んだことがメタ解釈を提供してくれています。千尋はまさにジョバンニなのです。

『銀河鉄道の夜』と「あの日の川で」

ここで「あの日の川で」というタイトルの、「いつも何度でも」に決まるまで『千と千尋』の主題歌になるはずだった幻の楽曲の歌詞を紹介します。作詞は宮崎駿です。

陽のさす裏庭から　忘れていた木戸をぬけ
生け垣が影おとす道をいく
むこうから走って来る幼い子は　わたし

ずぶぬれで泣きながらすれちがう
砂場の足跡をたどって　もっと先へ
いまは　埋もれてしまった川まで

ゴミの間の水草がゆれている
あの小さな川で、私はあなたに出会った
わたしのクツがゆっくり流れていく
小さな渦にまかれて消える
心をおおうチリが晴れる
目をかくすくもりが消える
手は空気に触れ
足は地面のはずみを受けとめる
誰かのために生きている私
私のために生きてくれてた誰か

わたしは　あの日　川へ行ったのだ
わたしは　あなたの　川へ行ったのだ
※29

ハクはコハク川という川の神様で、ふたりともが忘れてしまった千尋がもっと幼い頃に、川で溺れかけた千尋を助けてあげたことが終盤で明かされます。「あの日の川で」は、まさにふたりの思い出を表現した歌詞になっています。

これも『銀河鉄道の夜』のストーリーにつながります。

『銀河鉄道の夜』も、あの日の川の水難事故を起点に始まる物語です。ハクが千尋を助けたように、カムパネルラはザネリを助けています。その後、カムパネルラがジョバンニを導いたように、ハクは千尋を導きます。ハクはまさにカムパネルラに対応するのではないでしょうか。

カムパネルラとハクの死

さて、『銀河鉄道の夜』でザネリを助けたカムパネルラは死んでしまいましたが、ハクは？

29 渡辺季子編『ロマンアルバム 千と千尋の神隠し』徳間書店

ハクの死は描かれていないようにも思えますが……。

僕なりの辻褄の合う解釈として、ハクは千尋の死んだお兄さんという説を提唱します。

そもそもなぜ自分の名前も思い出せないハクが、千尋を小さい時から知っているのか。それは、ハクが千尋の死んだお兄さんだからです。

そして、あの日の川で、千尋は川で靴を流したのではなく、川に落ちてしまっていた。そんな千尋を助けようとして、お兄さんのハクが川へ手を伸ばした。しかし、悲しいことに、助けた代わりにお兄さんが川に流されて死んでしまった。これがハクが死んでしまった真相です。そして彼は、他人のために命を捧げたからこそ、コハク川の神様になれたというわけです。

ハクの正体を「死んだ千尋のお兄さん」と考えると、そのほかの謎も多くが解決します。たとえば、両親の謎。千尋のお母さんって、千尋に対してなぜか冷たいですよね。トンネルを抜けて不思議な世界に迷い込み、危険な岩場を歩くシーン。ここで、お母さんはお父さんに抱きついたりするんですが、千尋には急かすばかり。なんだか優しくないんです。

これはなぜか。千尋の犠牲となって死んでしまった長男の存在があるからです。もちろん、お母さんも長男であるハクが死んだのは、千尋のせいではないとわかっています。でも、無意識的に千尋に対して冷たく当たってしまう……。

そして、物語でハクは「コハク川の神様」ということになっていますが、もしハクが神様だとすると初登場のシーンで、千尋に見えてしまっているはずがありません。

なぜなら、『千と千尋』の物語上では、神様は基本的に夜にしかあらわれない。しかも人間には見えない存在で、夜になってようやく酒場や油屋といった盛り場で姿が見えるようになるからです。

つまり、ハクは完全な神様ではないのです。正確には、コハク川の神様になりかけている状態と言えるのではないでしょうか。

神様になりかけているということは、ハクは以前、神様ではなかったということを意味します。元は人間だったが、死んで神様になりかけているという説明を当てはめれば納得がいきます。

宮崎駿が繰り返す「生きる」というテーマ

ここまで考えると、『銀河鉄道の夜』と『千と千尋』に共通するテーマが見えてきます。

それは、「私は誰かのおかげで生きている。私も誰かのために生きよう」というテーマです。『銀河鉄道の夜』では、カムパネルラが死んでしまったことにより、ジョバンニは生きる活力を取り戻す。『千と千尋』では、ハクが死んでしまったことで、千尋は生きることができた。これらの物語の裏にあるテーマを、「あの日の川で」の歌詞では「誰かのために生きている私　私のために生きてくれてた誰か」と表現しているのです。

ちなみにこの「生きてゆく」というテーマは、『ナウシカ』『もののけ姫』『風立ちぬ』にも通底する、宮崎駿の一大テーマですね。

もしかすると、『千と千尋』は、宮崎駿が描いた「感謝」の物語なのかもしれません。スタジオジブリを登場させ、人によって人が生かされるところも描いた。自分のわがままなものづくりは、観客やスタジオの仲間によって成立しているのだ。そんな気持ちの表明が、どこかに込められているのかもしれません。

誰も知らないラストシーン

最後にラストシーンについて。

実は『千と千尋』って、不思議な終わり方をする映画です。ハクと別れて元の現実世界に帰るという感動的なラストを迎えたあと、エンドロールでは主題歌とともにきれいな景色の数々が流れていきます。

このエンディングの最後に変な絵が出てくるのをご存じでしょうか。「おわり」と出てくる映画の最後の絵は、濁流にのまれる靴の絵です。

ところが絵コンテを見てみるとラストは違う絵になるはずだったことがわかります。絵コンテでは花束のなかに「ちひろ　元気でね」とだけ書いてあるメッセージカードのアップで終わっている予定でした。

これはファーストシーンとまったく同じ構図です。ただ、ファーストシーンとは違うところが1点だけあって、ファーストシーンは「ちひろ　元気でね　また会おうね　理砂」と書いてあるのに対し、ラストシーンの絵コンテは「ちひろ　元気でね」としか書いてありません。「また会おうね　理砂」の文言が、ラストでは削除されているのです。

ただの偶然かもしれないと思ったのですが、絵コンテではしっかり書き分けがされています。本当に宮崎駿の映画は最後の最後まで、その演出に気が抜けません。

この違いが意味するところは、ファーストシーンではメッセージカードが友達からの挨拶としての役割を果たしているんですが、ラストシーンではハクや湯婆婆など不思議な世界の人物からの挨拶になっているということです。

だから「理砂」という名前が消されてしまっている。最後に千尋がトンネルを抜ける頃には、不思議な世界での記憶はすべて忘れてしまっているので、誰から贈られた言葉なのか千尋にはわかりません。

そして千尋は、もうハクや湯婆婆に会えることはないわけですから「また会おうね」という言葉は消され、「ちひろ 元気でね」という、はなむけの言葉だけが書かれているのです。

もし絵コンテどおりだったら泣かせる終わらせ方ですよね。ファーストシーンとラストシーンをピッタリと合わせた構造的に美しい映画になっていたはずでした。

しかし、宮崎駿は絵コンテどおりの結末を選びませんでした。

それはやはり、最後の最後で『銀河鉄道の夜』が頭をよぎったからだと思うのです。濁流に流される靴をラストシーンに入れることで、「忘れるな。お前は誰かのおかげで生きているんだぞ」というメッセージを観客の心に届けたかったのではないでしょうか。

第8章

戦争はどこまでも続くよ

2004年

『ハウルの動く城』

魔法と科学が混在する世界。帽子屋のソフィーは、ある日町で美しくも危うげな魔法使いハウルに出会い、心を奪われる。だがその夜、荒地の魔女に呪いをかけられ老婆にされてしまうのだった。やがてハウルの動く城で、下働きとして住み込むソフィー。激しさを増す隣国との戦争に、戦い傷つくハウル。ソフィーがハウルを救う魔法の旅が始まるのだった。

原作では描かれなかった「戦争」

『千と千尋』で歴史的大ヒットを飛ばした宮崎駿が、次に手がけたのが、『ハウルの動く城』です。公開2日で110万人を動員し、当時の日本映画としては歴代最高のオープニングを飾ったヒット作となりました。

この映画でまず特筆すべきポイントは、これまでの宮崎駿の作品群とファンタジー的要素の基調を同じくしながらも、「戦争」や「戦い」というテーマを描き、それらと関わりのある登場人物やその家族をメインに描いているという点でしょうか。

イギリスの作家ダイアナ・ウィン・ジョーンズのファンタジー小説『魔法使いハウルと火の悪魔』を原作とし、多くの設定やストーリーを踏襲しているものの、原作ではほとんど戦争は描かれません。

果たして、原作にはない戦争というテーマを宮崎駿はなぜ『ハウル』に取り込んだのでしょうか。

イラク戦争とアカデミー賞

宮崎駿の真意とも思える発言が、海外メディア、ニューズウィークでのインタビューのなかに見つかりました。アカデミー賞の長編アニメ映画賞を『千と千尋』で受賞した頃を振り返って彼は言います。

> あのときは、アメリカがイラク戦争を始めた直後で、私は非常に強い憤りを感じていた。だから受賞にも少しためらいがあった。当時、製作を始めたばかりだった『ハウルの動く城』は、イラク戦争に大きな影響を受けている。※30

時系列を整理しましょう。

『千と千尋』は日本では2001年に公開されましたが、アメリカでの公開は2002年。アカデミー賞にノミネートされ長編アニメ映画賞を受賞したのは、翌2003年3月23日のことです。イラクが大量破壊兵器を保有しているとして、アメリカが同国に侵攻したイラク戦争が始まったのは、その3日前の3月20日。

30「「前向きな悲観論者」の本音」（『ニューズウィーク日本版』2005年6月29日版）阪急コミュニケーションズ

さらに言えば、さかのぼること2001年9月11日には、ハイジャックされた旅客機が世界貿易センタービルに突っ込むアメリカ同時多発テロ事件、いわゆる9・11があり、これがイラク戦争にまで続く、アメリカ人の中東敵視の背景にあります。ちなみに9・11を直接の契機として、イラクと同じ中東で始まったアフガニスタン紛争は、なんと2021年まで長引きました。

ロシアのウクライナ侵攻に驚かされている日本ですが、少し中東に目を向ければ、21世紀も人類はずっと戦争をしているのです。

さてイラク戦争ですが、開戦当初からアメリカの開戦理由に疑問を唱える声も多く、実際、侵攻後の調査の結果、該当の大量破壊兵器は確認されず、イラク情勢の泥沼化まで引き起こしました。実はアメリカが開戦を決意した背後に、石油利権の争いがあったのではないかという黒い噂までであります。

考えてみれば、アメリカは建国以来、海外を舞台に戦争に明け暮れてきた国です。泥沼化した中東情勢同様、アメリカの汚点としてベトナム戦争も挙げられます。高畑勲とともに共産思想にも近づいた宮崎駿は、ベトナム戦争のことも苦々しく思っていたに違いない、反戦思想家でもあります。

正義の名のもとに怪しげな戦争を繰り返しているアメリカなんかに評価されたくない。その思いが先ほどの発言にあらわれているのでしょう。実際、宮崎駿は、受賞式にも欠席しています。同じ回で長編ドキュメンタリー賞を受賞した『ボウリング・フォー・コロンバイン』のマイケル・ムーア監督にいたっては、受賞の場で当時のブッシュ政権を批判までしています。

『千と千尋』がアカデミー賞を受賞した2003年は、2004年公開の『ハウル』の制作まっただなかでもありました。純粋なファンタジー小説だった原作は、宮崎駿が世相を反映した結果、戦争の愚かさを描いていくテーマ性のある映画へと変貌したのです。

愛国心の肥大した国家

そもそも、ソフィーとハウルたちが生きる世界は、どのような時代として描かれているのでしょうか。まず注目してほしいのが、冒頭にソフィーが妹の店へ行くために帽子屋を出るシーンです。

このシーンで、ソフィーが帽子屋を出るとまず空を見上げます。国旗がなびき、飛行機械が空を飛んでいます。その後、勇ましい音楽とともに民衆が旗を振り、軍人にエールを送ります。たくさんの花びらが舞っているのも見えます。

いわば、一般市民たちの「愛国心」が強くうかがえる一連のシーンとなっているわけですが、この様子は、まさに第一次世界大戦頃のヨーロッパ諸国に酷似しています。

第一次世界大戦前後のヨーロッパ諸国は、それまで貴族や王家に支配されていた国家が次々と勃発した市民革命により解体され、どんどん民主化が進んでいた時期でした。歴史の主役は王族や貴族から、民衆へ。民族や地域をアイデンティティーにした国民国家という現在まで続く国家観、民族観が全ヨーロッパに飛び火していった熱狂の時代です。

それと同じように『ハウル』の世界でも、民衆の愛国心が膨れ上がり、戦争へと向かう軍人に熱烈な声援を送っている。宮崎駿は、冒頭のシーンで第一次世界大戦前後のヨーロッパを参照し、それを通じて現代の戦争を風刺しようとしていたのではないでしょうか。

実は、この狂気と興奮が入り交じった光景は、かつてのヨーロッパだけではなく、日本にも存在していました。日本が無謀な戦争に突入していった第二次世界大戦もその1つでしょう。ただ宮崎駿は、終戦時で4歳。この頃の記憶はいまひとつ鮮明ではないはずです。

もう1つの熱狂の時代は、高度経済成長期。そしてその象徴としての、1964年の東京オリンピックです。第二次世界大戦に負けて「もう国に騙されるのは懲り懲りだ！」と感じていた日本人が、祭事1つで、急に「日本万歳！」と手のひらを返して熱狂の渦を起こした一大イベントです。

当時23歳。東映動画に入社して間も無い宮崎駿は、うまく結果が出せず暗中模索を繰り返していました。世間のサラリーマンの暮らしは経済成長に合わせて日々進歩していくなかで、自分は外界から隔絶された薄給の新人アニメーター。おそらく宮崎駿からすれば東京オリンピックは、自分とは関係のない、ほとほと馬鹿げたものだったに違いありません。

劇中でも、ソフィーは熱狂する民衆に加わらず、淡々と生活をしている点からも、民衆が一体となった戦争や、強烈な愛国心に対し、一歩引いた宮崎駿の視点をうかがうことができます。

サラエボ事件とカブの呪い

『ハウル』で描かれている時代が、第一次世界大戦頃のヨーロッパ諸国に似ていると考える理由はほかにもあります。

それは、『ハウル』の世界のなかでも、「サラエボ事件」が起きているということです。サラエボ事件とは、第一次世界大戦のきっかけとなった、オーストリア皇太子がセルビア人の学生によって暗殺された事件のことです。対して『ハウル』で起こっている戦争は、ハウルの師匠である魔女のサリマンが隣国の王子をカブにしたことが原因となっていて、つまり王子の変貌が戦争の引き金になった点が一致しています。

サリマンはなぜ隣国の王子をカブにしてしまったのかというと、実は隣国の王子が強力な魔法使いだったからです。

その根拠に『ハウル』の終盤のシーンです。サリマンが水晶に映ったソフィーたちを覗くシーンで、人間の姿に戻れたカブは、棒に乗ったまま空を飛んで国に帰ります。

もう呪いは解けて人間の姿に戻って

当時の新聞がイラストで伝えたサラエボ事件の様子

いるのに、空を飛ぶことができているのはなぜでしょうか。それは紛れもなく、隣国の王子が魔法使いだからです。

この「王子が魔法を使える」というのは、ハウルの住む国にとって大変な脅威なのです。というのも、ハウルの住む国では「王族が魔法を使えない」からです。

ソフィーがハウルの母親になりすましてサリマンに会いに行くシーンを思い出してみてください。その時、国王に扮したハウルが飛行機械に乗って王宮を訪れるのですが、もし「国王が魔法使い」という設定ならば、飛行機械に頼らず、魔法で飛んで王宮に来るはずですよね。何よりサリマンが宮廷付きの魔法使いとして厚遇されているのも、それが王族にとって特殊な能力だからです。

おそらく、隣国は王族が魔法使いであることから推測するに、古くより魔法使いが建国した「魔導帝国」のような国なんでしょう。だから、ハウルの国は、少しでも隣国の戦力を削ぐために、強力な魔法使いのひとりであり未来を担う王子をカブにしてしまったというわけです。

ハウルの国では、王族が魔法を持っていないため「科学」の力で戦ってきた。しかし、それだけでは対抗できないので、サリマンのような魔法使いの力を借り、王立魔法学校のようなものを作ってハウルをはじめとする優秀な魔法使いを育ててきたのでしょう。

魔法と科学の対立

隣国が主に魔法で戦うのに対し、ハウルの国では主に科学で戦うという、いわば「魔法と科学の代理戦争」のような構図が見えてきましたが、魔法と科学の対立という描写は劇中でも多く散見されます。

代表的な場面は、荒地の魔女とソフィーがサリマンに会いに行くシーンでしょうか。サリマンが、よぼよぼになった荒地の魔女を見て「本当の歳に戻しただけです」と言ったように、荒地の魔女は、実年齢は非常に高かったところを、自身の強力な魔法によって見た目を変えていました。

しかし、サリマンが用意した強烈な電球の光によって、荒地の魔女の魔力は奪われてしまいます。電球という科学技術の結集に、荒地の魔女の強力な魔力が敗れてしまうというエピソードは、まさに「魔法と科学の対立」を象徴するエピソードとなっています。

そのほかにも、ハウルたちが引っ越した先が隣国による爆撃を受けるシーンで、爆弾や爆撃機の技術力が格段に上がっており、科学が魔法を超えつつあることがうかがえます。

というのも、それまでの爆弾はただ落ちて爆発するだけのシンプルなものだったのですが、後半から爆弾の信管が発火型と呼ばれるより新しい形式のものに進化しています。この新しい爆弾には、導火線のようなものが伸びていて、強制的に爆発する仕組みになっているのです。

それまでのハウルだったら、落ちてくる爆弾を不発にするくらいなんてこともなかったはずでした。しかし、中庭に爆弾が落ちてくるシーンでは、自分も爆弾と一緒に落ちてなんとかひとつを不発にするだけでやっと。爆弾開発の技術進化が、ハウルの魔力を追い越し始めてしまっているのです。

これらの描写からいろいろとおもしろいことが語れます。ひとつは先ほど説明したように、魔法と科学の対立をあらわしているという読み解き方です。『魔女の宅急便』で魔女の価値が下がっていっていることと同じメッセージが読み解けるわけです。ひとりの才能では時代をいかんともしがたい。戦争も止められない。映画監督である自分たちが反戦を訴えても戦争がなくならない現実。この点を描いた対立構造というわけです。

もう1つの読み解き方に、魔法と科学の対立を新技術による旧技術の打倒と捉えて、つまりこれも第一次世界大戦ひいては戦争の常をあらわしているというのもあるでしょう。たとえば第一次世界大戦では、戦車、戦闘機、毒ガス、潜水艦といった、戦争のスタイルそのものを変える新技術が次々と投入されたことで有名です。続く第二次世界大戦では、言わずもがな核兵器が投入されました。今も人類に宇宙開発の夢を届けるロケット技術の源流も、第二次世界大戦にあります。

舞台美術から見る『ハウル』

こうした戦争の描写は、『ハウル』の舞台美術のなかでも緻密に表現されています。「ジブリの立体建造物展」の図録のなかで、建築家の藤森照信氏(東大名誉教授)がハウルの城について、次のように言及しています。

内部に入ると、インテリアはやはり中世ゴシック風ですね。宮崎さんのイメージボードを見ると、「内びらき扉」と書いてあります。ヨーロッパでは、ドアは内開きです。そのほうが外敵の侵入を防ぎやすいからで、鍵を壊されても、ドアのところに心張り棒をおいたり、重い家具を置いたりして敵の侵入を防ぐことができます。日本では内側のスペースを広く使えるように、ドアが外開きになっているることが多いんですが、日本でも戦いや敵の襲撃に備えて建てられた城や屋敷では、門扉はやはり内開きになっています。※31

このような指摘からも、宮崎駿は爆弾や機械を登場させるだけではなく、美術の面からも戦争、第一次世界大戦がもっともらしく見えるようなヨーロッパ風のディテールを丁寧に描こうとしていたことがわかります。

ハーフ・ティンバー様式の家

『ハウル』にあたって美術監督たちはフランスのアルザス地方へ取材に行ったのですが、この成果についても藤森氏は指摘します。まさにアルザスということが伝わる美術になっているよう

31 スタジオジブリ編『ジブリの立体建造物展 図録〈復刻版〉』トゥーヴァージンズ

です。

建物はドイツ系のハーフ・ティンバーだとわかります。フランスの場合は木材で縦のラインを強調するんですが、ドイツの場合は木材を×のようにクロスさせるのが特徴なんです。映画の舞台のモデルになっているアルザス地方は、アルプスの麓ですから木が比較的たくさんあるので、建物は木造です。ハーフ・ティンバーは「半木造」という意味で、上は木造ですが、下は煉瓦造か石造になっています。また、屋根の勾配が強いので、アルプス山脈の北側、つまり、雪が多く降る地域だということがわかります。アルザス地方は、ドイツとフランスの国境の地域で、もともとはドイツ系のアルザス人が住むドイツ語文化圏でしたが、このあたりは鉄鉱石と石炭が豊富な工業地帯なので、この地をめぐってフランスとドイツの間で取り合いとなり、第二次世界大戦以降はフランス領となった複雑な土地です。※32

アルザス地方そのものが戦争と切っても切り離せない歴史を持っているわけです。戦争

32 スタジオジブリ編『ジブリの立体建造物点 図録〈復刻版〉』トゥーヴァージンズ

を描く『ハウル』にまさに適した舞台ですし、鉄鉱石と石炭の取り合いによって起きる戦争というのも、石油の取り合いによって起きる現代アメリカが関わる戦争と対応していま す。

ハウルの国＝ドイツ帝国

第一次世界大戦ともつながりがあり、舞台はアルザス。そして新しい科学技術により戦争を遂行している。すでにおわかりの方もいるとは思いますが、なかでもソフィーたちが暮らす国はかつてのドイツ帝国のことをあらわしています。アルザス地方は、第一次世界大戦勃発時点でドイツ帝国領でした。

1871年に成立したドイツ帝国は、科学技術の発展にも非常に積極的に取り組んでいました。具体的な例を挙げると、自動車産業を興《おこ》したことで有名なダイムラーやベンツ、結核菌やコレラ菌を発見したコッホ、X線を発見したレントゲンなどもこの時代です。

また、ドイツ帝国として統一されるまでドイツは、それまでなかなか国家として統一されることがありませんでした。ドイツ統一によるドイツ帝国の成立は、当時の市民階級からすれば念願だったわけです。『ハウル』でも描かれていたように、貴族ではなく市民たちが軍人を応援し、自国の勝利を願うという愛国心が強く芽生えている時代でした。

そんなドイツ帝国ですが、第一次世界大戦で敗北を喫し、多額の賠償金を抱え、国家が崩壊してしまいます。実は、この「第一次世界大戦に負ける」という部分も『ハウル』と完全にリンクしています。

『ハウル』の終盤で、サリマンが「この馬鹿げた戦争を終わらせましょう」と言います。紆余曲折あった物語がそれで突然に閉幕となるのはやはり宮崎作品にいつも見られる物語構造の破綻ですが、今回はその点は追及しないでおきましょう。

ここでサリマンがやろうとしていたのは、他国と「平和条約」を結ぶことによる戦争終結かのように見えます。しかし、本当は「私たちが負けました」と隣国に認める降伏条約でしかありません。

ソフィーたちの国土には大量の爆弾を落とされ、完全な焦土にされてしまう描写もはっきりと出てきますし、反撃する兵力も設備もほとんど失われてしまっています。

そもそも、冒頭の港のシーンで、歓声を浴びながら出航していった艦隊が、帰ってきた時には沈みかけてボロボロになり、1隻しか戻ってこない。そんな状況のなかで、サリマンをはじめとする国家首脳陣が自ら選べる選択肢は、降伏条約以外にないはずです。

第二次世界大戦の始まり

降伏条約によって、隣国との戦争は締結。争いのない平和な世界で、ソフィーたち擬似家族は幸せに生きる……というラストに見えるのですが、実はそうではありません。

終盤にサリマン先生が「この馬鹿げた戦争を終わらせましょう」と言ったあと、「雲の切れ間から飛行船が飛んでいる」というカットが入り、カメラが上にパンするとさらにその上をハウルの城が飛んでいるというシーンが入ります。このシーンはソフィーたちのその後を描いた何気ないシーンではなく、再び戦争の時代が来たことをあらわしています。

その根拠にこのカットの絵コンテを見てみると、「とはいえ戦はすぐにはおわらない」と書き込みがされています。

また、さらなる裏付けとして、月刊サイゾーから公開当時の鈴木敏夫のインタビューを紹介します。

あなたは、最後のカットをどう見ましたか？　飛行船が飛んでいるでしょ。宮崎駿としては、また新たな戦争が始まってるんですよ。あの飛行船は帰ってきたんじゃなくて、また戦場に向かってるんです。※33

敗戦してもなお、再び戦争を選ぶ。この描写はまさに第一次世界大戦で敗戦したドイツ帝国とまったく同じなのではないでしょうか。

第一次世界大戦で敗戦国となったドイツ帝国は、ベルサイユ条約で莫大な賠償金を払うことになります。その後、民主国家として生まれ変わるのですが、少し経ってその民主国家のリーダーに選出されたのが、かの有名なアドルフ・ヒトラーです。

ヒトラーの独裁によって士気が向上したドイツは、さらに第二次世界大戦でポーランドへ攻め込みます。ハウルの国で起きていることは、第一次世界大戦、第二次世界大戦においてドイツで起きたこととほとんど同じなのです。『ハウル』という物語は、ドイツそのものを描いていると言っても過言ではないでしょう。

宮崎駿はドイツ帝国に似た立場の架空の世界を舞台に、第一次世界大戦を描き、ラストでは第二次世界大戦も暗示してみせました。このことを『ハウル』が影響を受けたというイラク戦争に引き戻して考えると、イラク戦争が終わっても次の戦争がまた起きる。現代においても悲しいことに戦争は終わらない。宮崎駿はその愚かさを描きたかったのではないでしょうか。

先ほどのインタビューで鈴木敏夫はこうも語ります。

> 今、現実世界の戦争はどうなってますか？　いろんな戦争が、ある日突然に始まり、ある日突然終わる。そして、すぐにまた始まる。
> （中略）
> 現実の戦争についてだって、よくわかんないよね。特に中東の問題なんて、問題の根っこもわかりにくいし。普通の人が普通に感じてること、それをそのまま映画にするとこうなるんじゃないかってことをもくろんだんだと、僕は思いますよ。※33

サリマンの突然の終戦宣言と唐突な飛行船のカットという起承転結も物語の整合性もまったくないラストには、人々の知らないうちに戦争が始まり、また終わる、人々にはそれを止められないという戦争の理不尽が表現されているのではないでしょうか。

33「ジブリ鈴木敏夫に物申す！「ハウルはヒーロー失格では？」」（『サイゾー』2005年2月号）インフォバーン

『ラピュタ』と『ハウル』の対立

さて、戦争をテーマにラストシーンまで読み解いてきましたが、最後に『ハウル』のラストが、宮崎作品史上ではどのような意味を持つのか解説して本章を終わります。

空飛ぶ城を注意深く見てほしいのですが、地上に降り立つためのドアが完全になくなってしまっています。ソフィーやハウルたちが「もう地上に帰ることはない」という意思のあらわれでしょうか。

興味深いのが、このラストが『天空の城ラピュタ』と対となっているという点です。『ラピュタ』で描かれるラピュタ人たちは、地上の醜い争いを避け、他人に干渉されないために、自分たちの牙城を天空に築きます。

しかしシータが「土から離れては生きられないのよ」と言ったように、ラピュタ人たちは解明不能の疫病に蝕まれ、地上へ帰ることを余儀なくされたという歴史を持っています。物語のなかでも、それまで空に憧れていたパズー、飛行石によって空をものにしていたシータはともに地上へ帰還するというラストを迎えます。

つまり、『ラピュタ』と『ハウル』は、真逆のエンディングとなっているのです。

『ラピュタ』では人間は地上つまり「社会」のなかで地に足をつけて暮らすべきというメッセージを伝えながらも、その18年後には社会から離れて生きるのも構わないという真逆のテーマを提示しているんです。

おそらく『ハウル』のなかでは、重力は老いの象徴として描かれています。だから、ソフィーは歳を取ると体が重くなって歩きづらくなりますし、苦手な日光を浴びさせられて魔力が失われた荒地の魔女は階段が上れなくなる。人が老いることと、重力が増すことを必ずワンセットで語られています。

そう考えると、重力から逃れて空に飛ぶというラストシーンは、社会的規範や老いという人間が決して抗えない世界からも解放された究極のハッピーエンドとも考えられます。宮崎駿は『ラピュタ』の頃に感じていた社会的責任を捨て、「もう老い先も短いのだから、これから先は自由に生きさせてくれ」と叫びたかったのではないでしょうか。

宮崎駿は同じラストシーンのなかで、片方では世間向けに人間の愚かさを伝え、一方では自らを奮い立たせるために老年の自由を描いたのです。相変わらず物語は破綻してしまいましたが、ハウルとソフィーのラブストーリーという王道設定のなかに、自分がやりたいことを何重にも織り込んだ、作家としての力量を感じさせる作品です。

第9章

グランマンマーレの正体

2008年

『崖の上のポニョ』

海の女神グランマンマーレと元人間の父フジモトの間に生まれた魚の子ポニョ。家出をした彼女は、自分を助けた人間の少年、宗助に恋をする。彼の父は船乗りで留守がち。母リサとふたりで友達のように暮らしている。そんななか、一度は海に連れ戻されたポニョが宗助のもとへ帰ってくる。ポニョの行動に世界の均衡は破られ、大騒動。ふたりの恋のゆくえは？

水を描く天才の苦悩と決意

『崖の上のポニョ』で一番好きなシーンが、ポニョが海を走って宗助のもとへやってくるシーンなのですが、何がすごいって、わずかに足が水に沈んでいるのです。普通のアニメーターが気をつけずに描いたら、こうはなりません。水面に足が接地してしまうと思います。でも、ポニョの走りはそうではなく、少し沈んでいるだけリアルに見えます。『もののけ姫』では、シシ神が水の上を歩くシーンも同じように描かれていました。やはり水のなかにわずかに沈んだかかとがリアリティと神秘性を演出しています。

さかのぼること『ナウシカ』よりも前には、テレビシリーズ『未来少年コナン』で海に閉ざされた終末世界を描いており、業界内で海を描写する際の手本とされるほどの腕前でした。あるいは『千と千尋』を、風呂、海原電鉄、川というように一貫して水を描いた映画と見ることもできます。

このように、『ポニョ』に至るまで、水は宮崎駿が表現を磨いてきた十八番なのです。なかには高畑監督のもとで作った映画『パンダコパンダ 雨ふりサーカスの巻』という、水にのみこまれた日常世界という『ポニョ』と同じ光景を描いた過去作もあります。のみこまれるのは日常世界ではないものの、『カリオストロの城』でも遺跡が水にのまれますね。そんな『ポニョ』であらためて水の表現に、しかもCG全盛の時代にオール手描きで取り組んだ背景には、『ファインディング・ニモ』があったのではないかと僕は睨んでいます。

これは宮崎駿がインタビューでも語っているのですが、『ポニョ』が全編手描きとなった理由に、『ハウル』での反省を挙げています。宮崎駿は天才的なアニメーターです。人がうまく絵のなかで動かせないものを、手描きで生き生きと動かしてみせる才能を持っています。そんな彼が、『ハウル』では、あろうことか、あまりの作業量に目玉である城をCGに頼ってしまったのです。

その『ハウル』をまさに制作していた2003年に公開された『ニモ』。宮崎を師とあおぎ可愛がられているジョン・ラセター率いるピクサーによるこの作品は、ピクサーの最新CG技術で、魚たちが住む海の世界をきれいに描き出しています。

要するに、「動かす」という手描きアニメーションの喜びを自らが放棄してしまったさなか、自分の独壇場であった水をリアルに、美しく、しかも自分が使いつつも憎んでいるCGを使って描いてしまった弟子があらわれたわけです。

悔しい思いをした宮崎駿が、あらためて水の表現に正面から挑む。こんな動機ですから、

『ポニョ』は表現重視の映画です。アニメーションとしての感動は大いにありますが、これまで以上に物語は破綻してしまいました。

だからあまり物語の深みを考察するわけにはいかないのですが、その代わりにこの映画には宮崎駿のイマジネーションが溢れています。

ポニョの母であり、フジモトの妻である、海なる母たるグランマンマーレの描写なんて、宮崎駿が好き放題自分の描きたいものを詰め込んだ、最たる例だと思います。本章では、このグランマンマーレの正体を追っていきましょう。

ミレーの衝撃

なぜ僕がグランマンマーレにこだわるかというと、このキャラクターには、『ニモ』とはまた別の制作動機が潜んでいるからです。

発端は『紅の豚』でも紹介した、宮崎駿の飛行機愛、そして飛行機小説への愛です。

イギリスの作家であるロバート・ウェストールが書いた、空軍を舞台にした児童小説『ブラッカムの爆撃機』。この作品をはじめウェストール作品のファンだった宮崎駿は、日本では絶版となっていた同作を再度刊行するよう働きかけます。編者となり、また自ら物語の舞台を取材して描いたオリジナル漫画「タインマスへの旅」を収録することで、『ブラッカムの爆撃機』はなんとか2006年の10月に岩波書店から刊行されることになりました。

「タインマスへの旅」の取材旅行でイギリスに渡ったのは、同年2月のこと。2004年の『ハウル』公開を終え、次回作への準備期間でもありました。この時、宮崎駿は、ウェストール関連の取材には関係のない美術館、テート・ブリテンへも足を運んでいます。関係者の話によれば、どうやらイギリス留学をした夏目漱石の足跡を追うという目的もあったようです。テート・ブリテンに所蔵されたミレー作の絵画『オフィーリア』は夏目漱石の小説『草枕』に登場するほど、彼の心を動かした作品として知られています。

『オフィーリア』を見た宮崎駿もまた、夏目漱石と同じくこの作品に大きな感銘を覚えます。NHKの『プロフェッショナル 仕事の流儀』

『ブラッカムの爆撃機』(岩波書店)

でポニョの制作現場を取材された宮崎駿は次のように語っています。

「なんだ。彼らが全部やってたことを、下手くそにやってんだって思ったわけ。ああ、おれたちのアニメーションは今までやってきた方向でこのまま行ってもやっぱりダメだって。おれはもう、これ以上行きようがないって感じてる」※34

ミレーが属したラファエル前派はものすごく緻密な絵で有名です。『オフィーリア』もご多分に漏れません。題材はシェイクスピアの『ハムレット』に出てくるお姫様の死。川に落ちたオフィーリア姫が歌いながら川を流れていくという、悲しいシーンの絵なのですが、お姫様を美しく、死んでいくのに生き生きと描いていると同時に、背景であるイギリスの田舎の自然も精緻に描写しています。

どうして宮崎駿は『ポニョ』の現場で、ミレーに圧倒されたことを言ったのか。僕にはこう聞こえます。『千と千尋』と『ハウル』はダメだった。絵を精密にするために、悩みながらもCGを導入したけれども、それは間違いだった。もう一度すべてを手描きの時代に戻さなければいけない。手描きに戻して、ミレーたち先人に挑むのだ、と。

34「西岡事務局長の週刊「挿絵展」 vol.33 ぼくの妄想史【壱】ウォーターハウスから始まる」（三鷹の森ジブリ美術館HP）https://www.ghibli-museum.jp/exhibition/sashieten/009161/

ミレー作『オフィーリア』(1851〜1852年)。

ところで『オフィーリア』の構図は、何かに似ていませんか?

フジモトの船の下、水中をあおむけでたたずむグランマンマーレ。ドレスを着ているところといい、手の位置といい、そもそも水のモチーフといい、『オフィーリア』の構図と似ています。

宮崎駿は意識しているのか、あるいは無意識なのか。いずれにしても、『ポニョ』の原動力となったイギリスでの衝撃が、グランマンマーレにあらわれています。

ちなみに宮崎駿が『オフィーリア』と出会うきっかけとなった夏目漱石ですが、宗助の名前は漱石の小説『門』

の主人公・野中宗助からとられています。さらに豆知識としては、野中宗助は崖の下に住んでいる設定です。崖の下から上へ。おもしろい改変ですね。

波の正体と観音様

グランマンマーレの初登場シーンは、宗助の父・耕一が船長を務める小金井丸の下を通るシーンなのですが、とんでもなく巨大です。海のかなたからやってきて、船を大きく揺らす光る波。これがグランマンマーレです。

グランマンマーレが波となっているのは、海の象徴としてもうまい演出なのですが、波の中で光っているのが赤い宝石のようなもの。この宝石は波が小金井丸の下を通り過ぎる際の描写でわかるのですが、グランマンマーレがつけているネックレスです。

つまり、顔があって、首があってそこにネックレスがかかっていて、その垂れた赤い宝石たちが波のなかできらめいている……。どういうことかというと、波になっているのは、グランマンマーレの胸の部分なのです。海面スレスレを背泳ぎのように泳いでいる彼女の胸が、海面からはみ出て波を作っている、というわけですね。

そこに気づくとおもしろいことがわかります。グランマンマーレに遭遇した船員が、彼女のことを観音様だと言うのですが、慈愛に満ちて光り輝くのを見たからそう表現したわけではないのです。もちろんその意味もあるのですが、実は胸と観音様にはつながりがあります。

岡田斗司夫ゼミの会員の方から寄せられた情報なのですが、『ポニョ』の舞台となった広島県福山市の鞆《とも》の浦には、地元の人がよく知る観音様がいます。まさに崖の上にある観音堂で、阿伏兎《あぶと》観音と言うそうです。

調べると、16世紀に毛利氏によって創建された、国の重要文化財にも指定された由緒正しい観音堂です。航海安全と子育て・安産の観音様で、胸の形をしたいわゆる「おっぱい絵馬」が壁一面に奉納されています。この光景から、阿伏兎観音自体も「おっぱい観音」の通称で地元では呼ばれているそうです。

実は「おっぱい絵馬」「おっぱい観音」は全国各地で見られ、岡山県や山口県など瀬戸内海には多くあるものです。なので、「観音様＝胸」の図式はそう珍しいものではないですし、航海安全の神様として観音様がいる以上、胸を強調した巨大で神々しい何かに遭遇した船乗りが観音様だと漏らすのは自然なことなのです。

元々はジブリの社員旅行で訪れたという鞆の浦。気に入った宮崎駿は2か月も滞在したという話ですから、おそらく阿伏兎観音のこともしっかり把握していたと思います。グランマンマーレと観音様をつなげた際に、阿伏兎観音のことが念頭にあったと見ていいでしょう。

グランマンマーレはチョウチンアンコウ

ここまで『オフィーリア』、観音様というように、グランマンマーレのビジュアルイメージの元となったネタを紹介してきました。今度は見た目の話ではなく、その正体は何なのかを解説していきます。

実は宮崎駿が答えを明かしています。公開当時の雑誌で語っていたその答えは、現在は『続・風の帰る場所』というインタビュー集で確認できます。

異種婚礼っていうのは日本には数々あるからね。あのお母さんだって本当は巨大なアンコウなんだとかね。そういうことは、スタッフの中で話してたんですよ。

でも差し渡し1キロのアンコウが出てきても画面の中にどう入れていいかわかんないから（笑）、ちゃんと人間の姿を取ることもできて、その代わり大きさは自由自在っていう。要するに孫悟空の世界ですね。孫悟空の中に、天界にいた金魚が3日間ほど地上に逃げて、化けものになって暴れるっていう話があるんですよ。それが地上では3年間だったとか。最後は観音様だったかに連れていかれちゃうんですけど（笑）。

※35

ここでも観音様が出てきますね。なるほど、ポニョを連れ戻す立場としても、まさにグランマンマーレは観音様であるわけです。もっとも、最終的にはポニョを人間にして陸に残すことに決めるのですが……。

それよりもっとおもしろい証言として、グランマンマーレの正体はアンコウだと言っています。異種婚礼というのは、違う生き物同士が結婚することで、確かにそういった話は日本には多くあります。一番有名なのは『鶴女房』ですかね。昔話として今よく知られている鶴の恩返しはおじいさん、おばあさんと鶴の物語ですが、そうではなくて若い男と鶴が結婚するバージョンの鶴の恩返しがあるのです。

35 宮崎駿『続・風の帰る場所』ロッキング・オン

ポニョも異種婚礼によって生まれた子であり、父が人間のフジモト、母の正体はアンコウというわけです。グランマンマーレを母なる海としてしか認識していないと、なぜポニョが「さかなの子」として生まれているのか不思議ですが、アンコウなら確かに一応魚の血が入っているということになります。

それでもアンコウとポニョでは、同じ魚でも全然イメージが違いますが……。ポニョが金魚の見た目をしているのは、孫悟空の元ネタからの影響でしょうか。

ともあれ、グランマンマーレの正体はアンコウということで決着です。光り輝くアンコウ。さながらチョウチンアンコウといったところでしょうか。

アンコウの恐ろしい生態

アンコウと人間の異種婚礼なんて、宮崎駿もかなりマニアックですね。ただこの設定、実にうまくできています。たとえば、アンコウはメスが巨大で、オスは本当に小柄。メスの数十分の一といったところでしょうか。グランマンマーレとフジモトのサイズ感の極端な違いに合っています。

ところでアンコウの生殖方法はかなり独特で、性的寄生と呼ばれています。まず小柄なオスがメスに噛みつきます。そしてこれが寄生と呼ばれる所以なのですが、そのままオスの全身はメスの体に埋め込まれていき、やがて目もヒレもほとんどの内臓が退化してなくなります。精子放出に特化したメスの臓器になると言えば、わかりやすいでしょうか。メスに完全に吸収されてしまうわけですね。

メスはこうやって生涯に何度もオスを吸収していきます。どうでしょう、かなり恐ろしい話ではないでしょうか。フジモトのもとに定住しないグランマンマーレですが、お得意の光でオスを誘導して吸収してまわっている普段の日々が想像されます。

フジモトの1871年

ではなぜ、フジモトは吸収されないで済んでいるのでしょうか。

グランマンマーレがアンコウというように、フジモトにも出自が設定されています。フジモトは、ジュール・ヴェルヌのSF小説『海底二万里』に出てくる潜水艦ノーチラス号の生き残りです。

この設定は劇中でも暗示されていて、フジモトが生命の水を抽出しているシーンで、一番古い壺に「１８７１」と年号が刻まれています。ワインのように生産年を記録しているわけですが、１８７１年というのは、１８６９年から１８７０年にかけて連載された『海底二万里』の単行本が初めて刊行された年です。

『海底二万里』は同時代を舞台にしているので、『海底二万里』の物語のあとにグランマンマーレのもとで働き始めたということは、１８７１年が最初の仕事だということで辻褄が合います。

フジモトは１８７１年から現在まで、生命の水を精製して管理する仕事をしてきました。フジモトは、生殖以外の方法でグランマンマーレの役に立ってきた。だからこそ、ほかの夫のように同化吸収されずに生き残ってきた。そう考えるのはいかがでしょうか。

グランマンマーレにはフジモトのほかにもたくさんの夫がいるはずですが、海のなかでせっせと生命の水を作っているフジモト以外にまったく気配が見えないのはなぜかというと、おそらくほかの夫はもう死んでしまったか、あるいはせっかくアンコウにわざわざ設定しているのですから、すでにグランマンマーレに同化してしまったと考えるのが適切だと思います。

多分、フジモトも歳を取ってこういう作業ができなくなってしまったら、グランマンマーレに同化してしまうのではないでしょうか。『エヴァ』の人類補完計画のような結末でしょうか。その時にフジモト自身がそれを嫌がるのか喜ぶのか、あるいは怖がるのか。この世界観のなかではちょっとわかりません。案外、喜ぶのかもしれませんね。

グランマンマーレの足元が隠された理由

物語の最後、グランマンマーレが陸に上がります。ポニョと宗助の今後をどうするか、リサと立ち話で話し合っているシーンです。

『ポニョ』を見返す機会のある方はぜひ、グランマンマーレの足元に注目してください。どのカットでも、グランマンマーレの足元は手前の花に隠されています。1カットだけでなく、どのカットでもそのようにしているので、これは意図的なレイアウトです。

これには、いくつかの説明がつきます。

まず単純に、グランマンマーレの足元をうまく描けなかったという説。海の象徴なので人魚のしっぽにするべきか、あるいは幽霊のように足を描かずにフェードアウトさせるか、いっそ素直に人間と同じような足を描くか。どれもしっくりこないので隠して逃げたという説明がひとつ目です。

ふたつ目。観音様の蓮の花よろしく、神々しさの演出。

最後が一番おもしろい説で僕がぜひ提唱したいのですが、花で見えなくなっている裏に、実は触手が隠されているのではというものです。

グランマンマーレはチョウチンアンコウですし、海の象徴でもあります。映画『パイレーツ・オブ・カリビアン』に登場するデイヴィ・ジョーンズと同じように、陸に上がれないのではないでしょうか。

陸に上がれないはずのグランマンマーレがではどうやって陸に上がっているかというと、実は陸に上がってないのです。陸に上がって見えている人間の姿をチョウチンの先で、触手が伸びて本体はまだ海のなか、という解釈です。この解釈ならグランマンマーレの設定が生きますし、宮崎駿ならそんな荒唐無稽な発想もありえる気がします。

怖すぎる理不尽なラスト

さて、グランマンマーレの足のゆくえはともかく、このシーンでリサと話し合うことでポニョの処遇は決まります。グランマンマーレはポニョと宗助の相思相愛を確認すると、ポニョを人間にする魔法をかけます。宗助がキスしたポニョは人間の女の子に姿を変えて、おしまい。これを果たして子ども向けアニメのハッピーエンドと呼んでいいのでしょうか。

僕は世間に大人気のウェルメイドな宮崎作品の裏には、隠された怖い世界・設定があることをいつも解説していますが、『ポニョ』の場合はグランマンマーレの正体よりも何よりもこのラストが怖いです。

またもや『続・風の帰る場所』から宮崎駿の言葉を引用します。

> 女ですよ、ポニョは。で、宗助は男です。男の悲哀を十分背負ってこれから生きていくんですよ（笑）。ポニョはますます女になるんですけど。※36

男を食うグランマンマーレだけが強くて怖くて美しいのではなくて、リサもポニョも、

36 宮崎駿『続・風の帰る場所』ロッキング・オン

女はすべて強くて怖くて美しい。それが『ポニョ』のテーマです。いわば『ポニョ』には、宮崎駿の女性観があらわれているのです。

先ほどから取り上げている、リサとグランマンマーレが話しているシーン。このシーンの会話内容は、一切、観客に知らされません。遠くで話している描写があるだけでセリフも何も聞こえない。あまりに不自然なシーンです。

内容を教える気がないのだったら、いっそ話し合っているシーンごとカットすればいいのです。そのほうが無駄がありません。アニメは実写と違い、とりあえず撮っておくということができないので、このシーンをそもそも作らないほうがいいのです。ところがこのシーンは、コンテの時点からかなり長い秒数を指定されています。

つまり、「何を話しているんだろう?」と、観客に想像してほしいということです。教えないけれど想像して、察してほしい。リサとグランマンマーレが何か内緒話をしている、という雰囲気だけは伝えたい。大事なことは知らせてもらえない、という実感を味わってほしい。

宗助の未来は、リサとグランマンマーレの話し合いと、ポニョのストーカーまがいの愛によって一方的に決められてしまいます。宗助はポニョを守ると約束しましたが、あの場面で断れるはずもありません。女性3人に誘導されて、しかも町の運命もかかっているのですから。

大切なことは、女性が決める。男は頭が上がらない。それが男の悲哀。グランマンマーレには逆らえず、ポニョには振り回され、目にクマを作って疲れを感じさせるフジモトは、そのまま宗助の未来の姿です。

そんなハッピーエンドとは言いがたい煮え切らないラストでありながら、何やら楽しげな主題歌でお茶を濁す。その幕引きの仕方こそが、『ポニョ』のなかでもっとも恐ろしいことかもしれません。

第10章

「堀越二郎＝宮崎駿」は本当か？

2013年

『風立ちぬ』

大正から昭和にかけての日本。やがて零戦を設計する堀越二郎の少年期から青年期までを描く。二郎が避暑地で巡り合った菜穂子は、かつて関東大震災のさなか出会った少女だった。結ばれるふたりだが、菜穂子には結核の病がある。飛行機の開発に勤しむ二郎と、ついに亡くなる菜穂子。飛行機黎明期の設計家カプローニ伯爵との夢の旅で、二郎は菜穂子と再会する。

宮崎駿が投影された堀越二郎

本書刊行現在のところ公開されている宮崎駿の最後の作品が『風立ちぬ』です。『ナウシカ』から数えることちょうど10作目。これまでのファンタジーから離れ、初めて実在の人物をモデルにした、異色の作品です。

各所で語られるように、主人公の堀越二郎には監督自身が反映されていると見るのが素直な解釈でしょう。飛行機趣味、眼鏡のコンプレックス、疎開時の経験をもとにした二郎の生家の描写、女性への憧れ、家庭をないがしろにしてしまうほどの仕事への情熱……。二郎の吸うたばこは、宮崎駿が愛する銘柄チェリー。プロデューサーとスポンサーに囲まれながらアニメを作っている宮崎駿と、軍部に戦闘機の開発を要請された二郎。「自然に帰れ」と作中で伝えながらもファンをインドア派のアニメオタク化してしまう、そしてそれでも観客動員を求めて映画作りをやめられない宮崎駿の罪と罰。純粋なものづくりへの情熱から殺人兵器を生み出してしまう、しかも日本を勝たせるために作ったはずの戦闘機が、自爆特攻というかたちで若い命を奪ってしまう堀越二郎の罪と罰。

堀越二郎＝宮崎駿説の極めつきは、主人公の声優を庵野秀明に設定したことでしょうか。

堀越二郎＝宮崎駿＝作家の罪と罰を描くにあたって、さすがに自分で声優を務めるわけにはいきませんから、よく似た生き方をたどる弟子、庵野秀明を起用したのでしょう。

宮崎駿が初めて本音をさらけ出した自伝的映画『風立ちぬ』に点数をつけるとしたら、僕は100点満点中98点です。現時点での宮崎駿最高傑作だとも思っています。

だからでしょうか。岡田斗司夫ゼミでも、ほかの作品以上に頻繁に『風立ちぬ』に触れてきました。公開同年の2013年には、その時点での僕の解説をまとめた書籍『『風立ちぬ』を語る』も上梓しました。だいたいのことはその本で語っているので、気になる方はそちらもぜひ読んでみてください。

本章では、最近になって僕が考え直した新たな『風立ちぬ』解釈について語りますね。

『フィールド・オブ・ドリームス』

いきなりですが、『フィールド・オブ・ドリームス』という映画を観たことはあるでしょうか？　1989年のハリウッド映画で、アカデミー作品賞にもノミネートされました。名優ケビン・コスナー主演の不思議な味わいの映画です。

主人公のレイ・キンセラはニューヨークに生まれ育ったのですが、大学に行く頃にもなると父親との折り合いが悪くなり、毎日毎日喧嘩しています。ついに家出して以来、父親とは一度も会わずに、葬式にも出ませんでした。今ではアメリカの片田舎、アイオワ州に住んで農場を営んでいます。

ある夜、キンセラがトウモロコシ畑を歩いていると、どこからともなく謎の声が聞こえてきます。「それを作れば、彼がやってくる」というお告げです。トウモロコシ畑のなかの野球場という幻も見ます。つまり、それというのは野球場だろうと。この時点では、彼というのが何を指しているのかはわかりません。

とにかくキンセラはあまりにも強い衝撃を受けて、一応家族の了解をとり、野球場を作ることにします。周囲の人に馬鹿にされることも厭わず、大事なトウモロコシ畑のひとつを潰して、フェンスに夜間照明までついた野球場をこしらえました。

ある日、娘が野球場に誰かいるのを発見します。キンセラがよく見ると、どうやらその正体は往年のメジャーリーガー、ジョー・ジャクソンです。すでに亡くなっている選手なのですが、1919年のブラックソックス事件というアメリカで有名な八百長事件でメジャーを追放された失意の名選手です。表舞台では野球ができないだけに、死してなおもキンセラの野球場のような隠された場所でしか野球ができないのでしょうか。

このあたりからもう完全なオカルトなのですが、キンセラは死人であるはずのジャクソンとふたりで野球をすることになります。簡単なピッチングとバッティングみたいなものですが、とにかくふたりで野球を楽しむのです。ジャクソンは野球ができる喜びに満足して、またトウモロコシ畑の向こうへと去っていきます。

これで、彼とはジャクソンのことか、といったんお告げの謎解きは解決します。

翌日からも超常現象は続き、ジャクソン以外にもすでに亡くなったメジャーリーガーたちが野球場を訪れます。

彼らは日中に訪れ、夕方になると決まって帰っていきます。照明設備が発達していなかった昔の野球はデイゲームが多かったことをあらわしているのかもしれません。とにかく選手たちは毎日、日中に野球場を訪れ、次第には試合まで行うようになります。

そんなありえない日々を送っているうちに、キンセラは次のお告げを聞きます。お告げの内容は、「彼の痛みを癒やせ」。「何？　まだお告げがあるのか。彼とはジャクソンではないのか。誰なんだろう。それに痛みを癒やすというのはどういうことだ。まだ何かしないといけないのか」というふうにキンセラは考え悩みます。

ある日もまた野球選手たちがあらわれ、野球を始めます。夕方になって帰っていく選手たちのなかに、ひとり帰らずに残っているキャッチャーがいます。キャッチャーマスクを被っていて、ひと目では誰かわかりません。

やがてマスクを外したキャッチャーの正体は、若き日のキンセラの父でした。実はキンセラの父は若い頃、野球選手を目指していたのです。

父に妻と娘を紹介するキンセラ。親子はキャッチボールを始めます。ふたりは笑顔です。彼とは父のことで、痛みとは親子の決裂のことだったのです。物語はここで幕を引きます。不思議な物語ですが、泣ける感動作です。僕も「すごい映画があるもんだ」ともう号泣です。1秒たりとも無駄なシーンの見つからない名作です。

真のモデルは宮崎勝次

それを作れば、彼がやってくる。

『風立ちぬ』を作るなかで宮崎駿が見たものは、父の青年時代だったのではないでしょうか。堀越二郎には宮崎駿のみならず、その父も投影されています。

昭和史というテーマに取り組み続けた作家、半藤一利との対談本『半藤一利と宮崎駿の腰ぬけ愛国談義』のなかで、宮崎駿は「ぼくは堀辰雄と堀越二郎と自分の父親を混ぜて映画の堀越二郎をつくってしまいました」とはっきり証言しています。宮崎駿の私小説とも見られる『風立ちぬ』。僕も最初そのように見ていましたが、本人の証言のとおり、むしろ劇中の二郎により強く重ね合わされているのは、宮崎駿よりも父の姿なのではないでしょうか。

宮崎駿の父、宮崎勝次と二郎の共通点。
まず、関東大震災と第二次世界大戦に直面した、同じ時代を生きてきたという点。
次に、妻が病にふせっているという点。勝次の妻、つまり宮崎駿の母は、宮崎駿が小学生から高校生の頃まで、ひとりで立ち上がれないほどの病気でした。このあたりの母親の思い出は、『トトロ』にも反映されていますね。

宮崎駿の母は菜穂子とは違い、その後快復しましたが、「結核で妻を亡くす」という体験は勝次も二郎と同じようにしています。実は宮崎駿の母は勝次の再婚相手で、初婚時の妻は結婚後まもなく結核によりこの世を去っています。このあたりは二郎と菜穂子の関係性に非常によく似ています。

そして最大の共通点は、どちらも戦闘機の生産に関わっていたということです。二郎は設計士として、勝次は工場長として。勝次は兄弟と一緒に、飛行機部品の製造会社である宮崎航空製作所を営んでいたのです。

戦闘機に関わっていながら、「戦争に加担している」という意識が希薄なのも、勝次と二郎に共通する点です。劇中、同僚の本庄は日本の現状について目を配っていますが、二郎にはそんなそぶりはありません。ただ目の前の大好きな開発の仕事に向かうだけ。

勝次にも似たようなところがあります。『腰ぬけ愛国談義』での宮崎駿によると、

「宮崎さん、五機つくって南方に送っても、着くのは一機だけだよ」とか、「五機同士でアメリカと日本の飛行機がすれ違うと日本は一機だけ残って、向こうは一機が薄い煙を吐くだけだ」とか、そういう話を散々聞かされたそうなんです。なのに、そういう情報と自分の商売とをまったく結びつけないで、とにかくつくりゃいいんだと思っていたようなんです。※37

というように現実感、大局観もなければ、

ぼくの親父は戦争に負けたら負けたで、平気でアメリカ兵と友人になってそいつを家に連れてくるような男でした。そのときぼくは四歳だったんですが、アメリカ兵が家に来たとき、日の丸のついているオモチャの飛行機を、隠したことをはっきりおぼえているんです。チビのくせに、アメリカ兵がこれを見たらまずいとでも思ったのでしょうかね。なんでそんなことをしたのか、まったくわかりません。でも四歳のぼくは隠したんですよ。いずれにしても戦争前の、ぼくの記憶にない世界は灰色にしか思えなかった。ところが親父は「いやあ、いい時代だった」って言うんです。「浅草はよかった」とかって。かつてはこれが信じられなかった。

※37

というエピソードや、

親父は「戦争をしたのは軍部であって自分ではない。スターリンも日本人に罪はないと言った」などと言っていましたね（笑）。

※37

37 半藤一利・宮崎駿『半藤一利と宮崎駿の腰ぬけ愛国談義』文春ジブリ文庫

という話もあるように戦争責任の意識も希薄です。

様々な一致からもわかるように、二郎の造形は勝次に重ねられています。宮崎駿は『風立ちぬ』で自分よりもむしろ父を描こうとしたのがよくわかります。もちろんあくまで『風立ちぬ』の最初の発想は、堀辰雄と堀越二郎を混ぜてみたら、というアイデアだったのでしょう。それが飛行機という結節点から、映画を作っていくうちに次第に父の姿を反映してしまったというのが本当のところではないでしょうか。

なぜ風防が強調されるのか

『風立ちぬ』は堀越二郎を主人公にしているのに、零戦がほとんど出てきません。おかしいですよね。堀越二郎は零戦の設計者として何より有名で、『風立ちぬ』を紹介する際にも、主人公は零戦の設計者だと紹介される、にもかかわらずです。『腰ぬけ愛国談義』でも半藤一利にツッコまれていました。映画で大きく扱われるのは、零戦よりも前に二郎が手がけた九六式。

それに対して、零戦はラストのラストで数秒間の飛行シーンが出てくるのみです。十何機もが一気に飛んでくるシーンです。

該当のシーンをぜひ見返してほしいのですが、零戦の全体像が映っているカットはほとんどありません。この限られたシーンで印象に残るパーツが、コクピットを覆う風防です。絵コンテにはない、風防が並んで大きく映ったカットもあり、僕はそれを見て宮崎駿がなぜ風防にこだわるのか不思議に思っていました。

せっかく最後の最後に零戦を出すのなら、もっと全体像や、激しく飛び回る雄姿を見せたらどうなんだ。どうしてそんなに風防にこだわるのか。

その答えも、『腰ぬけ愛国談義』のなかに見つかります。

> ぼくが日本の軍用機でじっさいに見たことがあるのは、零戦の風防だけです。物置の土間に新品の風防が二つ置いてあるのを見ました。
>
> (中略)
>
> ぼくらは工場のちかくの家に住んでいたのですが、ぼくが見た零戦の風防は、きっと工場のなかに置く場所が足りなくなって置かれていたのでしょうね。※38

38 半藤一利・宮崎駿『半藤一利と宮崎駿の腰ぬけ愛国談義』文春ジブリ文庫

風防は父が取り扱っていた部品であり、宮崎駿の原体験でもあります。風防を描くというところに、意識的なのか無意識的なのかはわかりませんが、宮崎勝次・駿という親子の存在を思わされます。

それを作れば、彼がやってくる

よく『風立ちぬ』は、宮崎駿が自分の映画で初めて泣いた作品というふうに紹介されます。何かほかの作品とは違う、宮崎駿の琴線に触れるポイントがあるはずです。

大きなポイントの1つが、映画のなかに父を見たことではないかと考えます。

それまでの作品と『風立ちぬ』の違いは、ファンタジーではなく実在の人物を主人公にしたことも大きいです。ですがさらに大きな違いとして、宮崎駿が初めて父を描いた、という点があります。

宮崎駿が映画のなかでいつも憧れてきたのは、女性であり、もっと言えば母親です。ナウシカ、ドーラ、サツキとメイのお母さん、ジーナ、湯婆婆、ソフィー、リサ、グランマンマーレ……。その誰もが、宮崎駿が考える母性の象徴です。

一方、父性を強く感じさせるキャラクターは見当たりません。宮崎アニメに出てくる父は、物語や主人公を導く存在ではありません。世界を動かすのは、女性であり母親です。このことは前章の『ポニョ』の解説でも触れました。

宮崎はかつて父を嫌っていました。それは、先ほど引用した発言にもあるように、戦争に加担したという自分の行いに対して、あまりにも無責任だったからです。『腰ぬけ愛国談義』では、さらにこんなエピソードも語られています。

> こんな映画を観たとかストリップへ行ってきたとか、そういうことを平気で家でしゃべる男でした。ぼくをつかまえて、「おまえ、まだ煙草も吸わないのか」とか、「オレはおまえぐらいのときには芸者買いしていた」とか、そういうことまで言っていました。で、ぼくは絶対こういう男にはなるまいと思った（笑）。※39

享楽主義でデリカシーもない遊び人。嫌っている父を、宮崎駿が描くことはありませんでした。

しかしついに『風立ちぬ』で、父を描き出します。しかも批判的に描くのではなく、飛

39 半藤一利・宮崎駿『半藤一利と宮崎駿の腰ぬけ愛国談義』文春ジブリ文庫

行機という夢を追う純粋な人間として。父への赦《ゆる》しがうかがえます。作品を通じて再会を果たした宮崎駿は、父と和解をしたのではないでしょうか。
『風立ちぬ』を監督自身の罪と罰を内省した私小説的作品とだけ見るのは、浅い見方です。もちろん、監督本人を慰めるセラピー的な映画ではあるのですが、宮崎駿が内省したかったのは、自分の姿だけでなく、父への思いだったのです。

衝突やらなにやらいろいろありましたけど、このごろようやく、やっぱり親父を好きだな、と思うようになりました。※40

『腰ぬけ愛国談義』から宮崎駿のこの言葉を引用して、本章を終えることとします。

40 半藤一利・宮崎駿『半藤一利と宮崎駿の腰ぬけ愛国談義』文春ジブリ文庫

終章

進化する宮崎駿

『逆襲のシャア』の衝撃

宮崎駿と同い年のアニメ監督に、『ガンダム』シリーズを生んだ富野由悠季がいます。

1988年に公開された彼の監督作品『機動戦士ガンダム 逆襲のシャア』が、アニメ業界に与えた衝撃には、すさまじいものがありました。当時、私も業界にどっぷり浸かっていましたからよくわかります。庵野秀明は熱狂のあまり同人誌を作り、いつもは同業者に手厳しい批判を並べるはずの押井守もべた褒め。

テレビシリーズの一連の『ガンダム』が緻密に設計されたウェルメイドな作品だったのに対し、『逆襲のシャア』はオチも何にもない、でたらめと言っていいと思います。

物語を要約すれば、宿敵シャアが地球に小惑星アクシズを落とそうとする。それをアムロが防ごうとする、という話です。

シャアがなぜアクシズを地球に落とすのかというと、人類を粛清するためだと。もっと言うと、地球があるから人間はダメなんだと。帰れる場所がある限り、人は大人になれないということです。

これは『ガンダム』より以前に富野由悠季が監督した、手塚治虫原作のテレビアニメ『海のトリトン』から、一貫して彼が描いてきたメッセージでもあります。青春というのは喪失であると。何か絶対にやってはいけないことをやってしまって、失ってはいけないものを失ってこそ大人になれると。過去からの卒業と言ってもいいと思います。

『逆襲のシャア』では特に、監督自身の人間への諦めや、「もうガンダムはこれきりでやめる！」という気持ちをあらわしているのでしょう。

ではそんなシャアに対峙するアムロは、新しいガンダムに乗って、新しい彼女もできて、「ν《ニュー》ガンダムは伊達じゃない」なんて言っちゃったりもして、地球を救おうと奔走します。ガンダムや人類への愛着を捨てきれない、一方でこちらも監督の本音なのです。

つまり富野由悠季は、自分のなかで矛盾する哲学や『ガンダム』観を、キャラクターにしてアニメの世界で戦わしたのです。『ガンダム』の作者が『ガンダム』のなかで『ガンダム』を語っていると言ってもいいでしょう。悪く言えば、監督の言葉を語るために作品をいびつなものに捻じ曲げてしまったのです。

監督自身も答えが出ない葛藤をそのまま描いてしまったから、物語もまとまらず、結局、アクシズは果たして地球に落ちたのか、シャアの本心はどこにあるのか、アムロとシャアは生き残ったのか。結末を放棄したまま、TMネットワークが歌うエンディングが流れて、それで終わり。

ええっ、これで終わるの⁉ というか、作品の整合性を放棄してまで思想を語るなんて、アニメで許されるのか！ 『逆襲のシャア』が業界に与えた衝撃は、まあこんなところです。

『トトロ』以前、『魔女の宅急便』以後

一般大衆はともかく、コアなアニメファンのなかには、宮崎駿対富野由悠季という構図で、当時の業界を眺めていた人が多くいます。僕もそのひとり。富野監督がよくインタビューで語っているように、当人たちもその対立構造を意識していたでしょう。宮崎駿と、彼が憎む手塚治虫の系列、という見方もできます。富野由悠季はアニメの『鉄腕アトム』にも参加した、虫プロ出身者です。

1979年の『ガンダム』で富野由悠季が勝ったように見えながら、その後、『ナウシカ』で宮崎駿が逆転。鈴木敏夫が編集長を務める先進的なアニメ雑誌『アニメージュ』もその頃から『ガンダム』よりも宮崎駿をメインで追っていくことになります。

一方、富野由悠季は『ガンダム』のヒットに縛られ、同じロボットアニメを期待され続

けます。ロボットアニメ『聖戦士ダンバイン』『重戦機エルガイム』はパッとせず、結局『ガンダム』シリーズに戻ってきて『機動戦士Zガンダム』『機動戦士ガンダムZZ』といった、それまで自身や宮崎駿が避けてきた続編を作ることになります。いわば「ガンダムの呪い」でしょうか。

というわけで1980年代後半の対決は『ガンダム』にとどまり続ける富野由悠季に、『ナウシカ』『ラピュタ』で新しいアニメを見せた宮崎駿に、世間的な経済効果はともかく作家の格としては軍配が上がる状況でした。

そこに来て、富野由悠季が『ガンダム』から逃げずに『ガンダム』をぶち壊そうと、コンプレックスをぶちまけた「ヤバい映画」を作ってみせたのです。富野由悠季への再評価が高まり、宮崎駿も意識したはず。

『カリオストロの城』『ナウシカ』『ラピュタ』『トトロ』といった、宮崎駿のなかでは圧倒的にウェルメイドな作品群と、『紅の豚』に始まる私小説的な作品群の分岐点は、ここにあると思います。『魔女の宅急便』はその分岐点の上にちょうど立つ作品で、これは話としてはウェルメイドですが、アニメの現場を作品世界に反映させたという意味では、『逆襲のシャア』の影響があったと見ています。

宮崎駿は1988年という同じ年に公開された、自身の『トトロ』と富野由悠季の『逆襲のシャア』を絶対に比べてしまったはずです。また、『トトロ』と併映の『火垂るの墓』。これも、宮崎駿の「自分語り」化の契機になった1つと見ていいでしょう。自分がウェルメイドで教訓的なファンタジーを作っている間に、師とライバルがともに、アニメの常識を変える演出を試みたことに、宮崎駿は危機感を抱いたはずです。

アマ、プロ、アーティスト

『逆襲のシャア』が「自分語り」であることが業界に衝撃を与えたのは確かですが、実はそうしたアニメの作り方がそれまでなかったかというと、別に絶無だったわけではありません。

手前みそで恐縮ですが、僕たちの作品でいうと、ガイナックスができる前、同人時代に制作した『DAICONⅢ』『DAICONⅣ』は、まさにそうしたアニメです。

たとえば『DAICONⅢ』の物語ですが、女の子が水を渡されて、その水を目的地まで届けると。そこにはいろんなSFの生物やメカがあらわれて女の子を妨害するのですが、女の子の方でもランドセルからミサイルを出したり、ものさしがビームサーベルになったりして、徹底的に戦って勝って、無事に水を目的地まで届けるというものです。

話としてはこれだけなのですが、作品背景として、このアニメは大阪で開かれた第20回日本SF大会のオープニングアニメとして僕たちSF大好きな単なる学生たちが作った、ということをおさえておきたいです。この辺の経緯は、ドラマ化もされた島本和彦の漫画『アオイホノオ』にも描かれているので、興味のある人はどうぞ。

さて、『DAICONⅢ』です。僕たち自身はあくまでアニメーターではなくファンに過ぎませんので、純真無垢の象徴として主人公を女の子に。そして大好きなSFネタをちりばめながら、大会という目的地を目指すという、まさに自分語りをした作品なのです。

では僕たちがなぜこんな作り方ができたかというと、それは僕たちがアマチュアだったからです。商業作品のプロはそんなことはしません。もちろん作家性はありつつも、お客様のことを第一に思って、完成度の高いおもしろい作品を作るのが、プロがプロたる所以です。

僕なら作家を3類型に分類します。自分語りをやたらするのがアマ、なるべくしないのがプロ、自分語りを推し進めた結果アマでありながら客が熱狂するのがアーティストです。

たとえば当初のガイナックスはアマで、論理や整合性を徹底して、作品に厳しい高畑勲がプロ中のプロ。現在の庵野秀明がアーティスト、といったところでしょうか。

卓越したプロのアニメーターとして、あくまで「おもしろいアニメ」を目指していたのが、『トトロ』までの宮崎駿。『逆襲のシャア』に刺激され、アマ的な考えを手にしたのが『紅の豚』まで。アーティストとなって、「でたらめだけれど魅力的なスーパーヒット」を作れるようになったのが『もののけ姫』から。宮崎駿のジブリアニメ史はそのように分類できるでしょう。

『風立ちぬ』で見せた進化

アーティストになった宮崎駿のすごみは、物語や設定は支離滅裂にもかかわらず、それでも観終わった際になんとなく納得させられる、アニメーターとしての卓越した力量です。アマ的に作家性を出しているはずなのに、やっぱり作家性よりもおもしろさが勝つのです。楽しい作品のどこに宮崎駿自身が投影されているのか、やっぱり少なからず解釈や考察が必要なのが『もののけ姫』から『ハウル』までの、アーティスト時代もなおウェルメイドの感触が残る作品群です。

ところが『ポニョ』からは本音がダダ漏れで、第9章でも解説したように、もはや描きたいものを描きたい順に描いているようにしか思えません。そして『風立ちぬ』では、ついに誰が見ても宮崎駿の個人的な思いが投影されていることがわかる、しかも初めてファンタジーを離れた自伝的映画が出来上がりました。72歳になってついに、本音100%丸出しの、完全なるアーティストへと進化したのです。

最新作『君たちはどう生きるか』は、どんな作品になっているのか。本書発売時点ではその全貌は未だわかりませんが、きっと80歳を超えた宮崎駿の本音で溢れた作品になっていることでしょう。それを観るのが、僕は楽しみで仕方ないのです。

主要参考文献

■書籍

『ALL ABOUT TOSHIO SUZUKI』永塚あき子編　KADOKAWA
『風に吹かれて』鈴木敏夫　中央公論新社
『風の帰る場所』宮崎駿　文春ジブリ文庫
『続・風の帰る場所』宮崎駿　ロッキング・オン
『風の谷のナウシカ 1』宮崎駿　徳間書店
『風の谷のナウシカ 宮崎駿 水彩画集』宮崎駿　徳間書店
『ジブリの森とポニョの海』志田英邦ほか　角川書店
『ジブリの立体建造物展 図録〈復刻版〉』スタジオジブリ編　トゥーヴァージンズ
『出発点』宮崎駿　徳間書店
『新訳 マクベス』シェイクスピア／河合祥一郎訳　角川文庫
『スタジオジブリ絵コンテ全集13 千と千尋の神隠し』宮崎駿　徳間書店
『スタジオジブリ絵コンテ全集14 ハウルの動く城』宮崎駿　徳間書店
『千と千尋の神隠し 千尋の大冒険』才谷遼編　ふゅーじょんぷろだくと
『誰も語らなかったジブリを語ろう』押井守　東京ニュース通信社
『天才の思考』鈴木敏夫　文春新書
『何が映画か』黒澤明・宮崎駿　徳間書店
『人間の土地』サン=テグジュペリ／堀口大學訳　新潮文庫

『半藤一利と宮崎駿の腰ぬけ愛国談義』半藤一利・宮崎駿　文春ジブリ文庫
『飛行士たちの話』ロアルド・ダール／田口俊樹訳　ハヤカワ・ミステリ文庫
『ブラック・ジャック創作秘話』宮崎克原作／吉本浩二漫画　秋田書店
『宮崎駿全書』叶精二　フィルムアート社
『未来のプロフィル』アーサー・C・クラーク／福島正実・川村哲郎訳　早川書房
『魔女の宅急便』角野栄子　角川文庫
『もう一つの「バルス」』木原浩勝　講談社文庫
『ロマンアルバム 風の谷のナウシカ』徳木吉春ほか編　徳間書店
『ロマンアルバム 千と千尋の神隠し』渡辺季子編　徳間書店
『ロマンアルバム 天空の城ラピュタ』池田憲章構成　徳間書店
『ロマンアルバム もののけ姫』アニメージュ編集部編　徳間書店

■雑誌

「ジブリ鈴木敏夫に物申す!「ハウルはヒーロー失格では?」」
『サイゾー』２００５年2月号　インフォバーン
「「前向きな悲観論者」の本音」
『ニューズウィーク日本版』２００５年6月29日版　阪急コミュニケーションズ

著者略歴

岡田斗司夫（おかだ・としお）

1958年大阪府生まれ。通称、オタキング。1984年にアニメ制作会社ガイナックス創業、社長をつとめた後、東京大学非常勤講師に就任、作家・評論家活動をはじめる。立教大学やマサチューセッツ工科大学講師、大阪芸術大学客員教授などを歴任。レコーディング・ダイエットを提唱した『いつまでもデブと思うなよ』（新潮新書）が50万部を超えるベストセラーに。その他、多岐にわたる著作の累計売り上げは250万部を超える。現在はYouTuberとして活動し、チャンネル登録者数は97万人を超える。

SB新書　614

誰《だれ》も知《し》らないジブリアニメの世界《せかい》

2023年4月15日　初版第1刷発行

著　　者　岡田斗司夫《おかだとしお》
発 行 者　小川 淳
発 行 所　SBクリエイティブ株式会社
〒106-0032　東京都港区六本木2-4-5
電話：03-5549-1201（営業部）
装　　丁　杉山健太郎
カバーイラスト　南野しま
本文デザイン DTP　株式会社ローヤル企画
編集協力　小池悠補
校　　正　有限会社あかえんぴつ
編　　集　北 堅太（SBクリエイティブ）
印刷・製本　大日本印刷株式会社

本書をお読みになったご意見・ご感想を下記URL、
または左記QRコードよりお寄せください。
https://isbn2.sbcr.jp/17776/

落丁本、乱丁本は小社営業部にてお取り替えいたします。定価はカバーに記載されております。
本書の内容に関するご質問等は、小社学芸書籍編集部まで必ず書面にて
ご連絡いただきますようお願いいたします。

ISBN　978-4-8156-1777-6